분양의 신 2

분양의 신 2

1판 1쇄 발행 2021년 5월 21일

지은이 형국진

교정 윤혜원
편집 유별리

펴낸곳 하움출판사
펴낸이 문현광

주소 전라북도 군산시 수송로 315 하움출판사
이메일 haum1000@naver.com **홈페이지** haum.kr

ISBN 979-11-6440-778-1 (03320)

좋은 책을 만들겠습니다.
하움출판사는 독자 여러분의 의견에 항상 귀 기울이고 있습니다.

분양의 신 2

저자 형국진

나를 극복하는 순간
칭기즈 칸이 되었다

집안이 나쁘다고 탓하지 마라.

나는 아홉 살 때 아버지를 잃고 마을에서 쫓겨났다.

가난하다고 말하지 마라.

나는 들쥐를 잡아먹으며 연명했고,

목숨을 건 전쟁이 내 직업이고 내 일이었다.

작은 나라에서 태어났다고 말하지 마라.

그림자 말고는 친구도 없고 병사로만 10만,

백성은 어린애 노인까지 합쳐 200만도 되지 않았다.

배운 게 없다고 힘이 없다고 탓하지 마라.

나는 내 이름도 쓸 줄 몰랐으나

남의 말에 귀 기울이며 현명해지는 법을 배웠다.

너무 막막하다고 그래서 포기해야겠다고 말하지 마라.

나는 목에 칼을 쓰고도 탈출했고,

뺨에 화살을 맞고 죽었다가 살아나기도 했다.

적은 밖에 있는 것이 아니라 내 안에 있었다.

나는 내게 거추장스러운 것은 깡그리 쓸어버렸다.

나를 극복하는 그 순간 나는 칭기즈 칸이 되었다.

– 칭기즈 칸의 명언 –

나와 함께 지옥에 가더라도, 단 하루만이라도

노예처럼 살지 말고, 자유로운 군주처럼 삽시다.

역사와 미래를 바꾸는 주인공이 되십시오!

- 마키아벨리

2장 사장이 되고 나서 참 다양한 인연들이 나를 찾아왔다

3장 나는 부자들과 어울리며 부자들을 닮아 갔다

4장 내게는 일보다 돈보다 가족이 더 소중하다는 것

나는 성실, 절실, 절제와
가족의 네 바퀴로 세상을 살아간다

《분양의 신》첫 책을 내고 6년의 시간이 흘렀다. 그 6년 동안 세상도 많이 달라졌고 나도 많이 달라졌다. 하는 일도 달라졌고, 만나는 사람도 달라졌다. 나는 첫 책을 낸 후 책의 힘이 얼마나 큰지 깨달았다. 비록 보잘것없는 이야기지만 내 책을 보고 찾아오는 사람들이 많아졌다. 직원들의 영업력도 한 몫 했지만 책의 영업력 또한 무시할 수 없었다. 사람들을 한 자리에 모아 놓고 할 수 없는 이야기를 책이 대신해 줬다. 이것이 레버리지 효과일까. 지식산업센터에 관심을 갖던 사장님들, 관련 업계 종사자들이 하나둘 내 인연의 틀 안으로 들어왔다. 나 혼자 힘으로할 수 없는 일들이 기적처럼 펼쳐졌다. 첫 책을 냈을 때의 환경과 전혀다른 환경이 나를 에워쌌다. 그 변화된 환경에서 오만하지 않고, 게으르지 않고 여전한 초심의 열정으로 세상을 살아가고자 나를 다잡아야 했다. 그래서 책도 닥치는 대로 읽었고 나를 조금 더 업그레이드하기 위해필요한 강의도 찾아서 들었다.

그동안 나를 돌아볼 틈이 없이 달려온 것 같다. 그래서 잠시 나를 돌아보는 성찰의 시간이 필요했다. 이번에 《분양의 신 2》를 여러분들에게 선보이는 건 그 성찰의 시간에 내가 깨달은 이야기, 내가 만났던 고마운 사람들, 내가 앞으로 어떻게 살아갈 것인가를 깊이 있게 고민했던 흔적들이다. 1권에는 용광로 밖으로 넘치는 뜨거운 열정을 많이 채웠다. 그 열정에 데여 자극을 받은 사람도 많았다. 나도 나의 그 열정을 다시금 돌아보며 초심을 생각하곤 했다. 그러나 2권에는 무언가 숙성되고 발효된 나를 발견했다. 익어서 껍질이 터지는 그 순간을 지나, 제대로 익어 깊은 맛을 내는 또 다른 나를 만났다. 그리고 2권을 쓰면서 과연 내가 내 길을 잘 가고 있는지 점검해 보고 싶었다. 6년의 시간이 지나다 보니 1권에서 못다 한 이야기들이 많았다. 분양 사업은 늘 촘촘하게 바쁘지만 나는 아침에 남들보다 일찍 일어나 책을 읽고 글을 썼다. 세상이 아직 깨어나지 않은 새벽 시간은 방해받지 않는 나만의 생각을 정리하기에 참 좋은 시간이었다.

책을 쓰고 조금 유명해지면 우쭐해지는 사람이 많다. 내 책도 나름 세상 사람들 속으로 많이 퍼져 나갔다. 그러나 나는 나를 너무 잘 알기에 우쭐해질 수가 없었다. 1권을 쓸 때는 자기계발서 위주의 책을 많이 읽고 긍정의 에너지로 세상을 헤쳐갔다. 2권의 책을 쓰고 있는 지금은 고

전과 인문학의 깨달음에 푹 빠져서 세상을 조금 더 지혜롭게 살아갈 힘을 얻는다. 그리고 그들의 깨달음을 보면서 인생 앞에 점점 겸손해진다. 사람들 앞에 더욱더 겸손해진다. 1권의 책을 보고 사람들이 희망을 갖고, 용기를 갖고, 실패를 해도 다시 재기할 힘을 얻었다는 독자의 말이 아주 큰 보람으로 다가왔다. 2권에서도 세상 사람들에게 또 다른 희망을 주고, 1권과는 다른 보람을 느끼고 싶다. 나이를 조금 먹다 보니 세상을 사는 스타일이 조금은 노련해지고 있는 것 같다. 1권에서는 순수했다면 지금은 템포를 조절하고 여유가 생겼다. 너무 들떠 있지 않고 깊이가 생기고, 안정적인 자세를 갖추게 되었다.

나는 한 15년 정도 압축해서 진하게 사회생활을 했다. 압축했다는 얘기는 그만큼 보통 사람들의 사회생활과는 다르게 짧고 굵게 농도 자체가 다른 사회생활을 했다는 이야기다. 그 기간 동안 내가 느낀 것은 우리 대한민국 사회가 돈이 없으면 참 많은 한계를 갖고 있다는 점이다. 돈이 없으면 절대 위에서 놀 수가 없다. 첫 책을 낸 이후 나는 첫 책 이전보다 더 많은 자본가 즉, 돈이 많은 사람들을 만났다. 그들을 만나면서 그들이 왜 돈을 벌 수밖에 없는지도 조금은 알게 되었다. 그리고 그들이 우리가 생각하는 것만큼 차갑고 이기적이거나 냉정한 사람이 아니라는 것도 알게 되었다. 돈이라는 것이 사람에 대한 편견으로 작용한다는 걸 제대로 느끼게 된 시기였다. 부자든, 가난한 사람이든 돈이란 것이 한 사람을 제대로 못 보게 하는 편견을 주었다. 그런 경험, 그런 깨달음을 어느 누구도 얘기해 주지 않았다. 그래서 이 책을 통해 사람들에게 그 편견을 다소 지울 수 있는 이야기를 하려고 한다. 그리고 돈에 끌려다니는 인생이 아닌 돈을 끌고 다니는 인생의 길을 내 나름 겪은 이야기를 통해 보여 주고자 한다.

　나는 아래에서부터 위에까지 참 다양한 사람들을 만났다. 1권에서도 솔직하게 밝혔듯이 내 스스로 비참한 밑바닥 인생도 살았다. 지금은 돈 있는 사람들을 만나면서, 그들의 수준까지 조금씩 올라가고는 있지만 없는 설움에 대해서는 뼈저리게 잘 알고 있는 사람이다. 어릴 적의 방황과 게으름으로 공부를 제대로 하지 않았지만 나는 머리 회전도 빠르고 눈치도 좋다. 사람들을 상대로 일을 하다 보니 '이 사람이 무얼 필요로 하겠구나.' 하는 걸 굉장히 빨리 파악해 낸다. 그리고 타이밍을 놓치지 않고 그때그때 상대가 필요한 것을 재빠르게 가져다준다. 그런 감각이 거의 동물적 본능 수준이다. 거기에 독서까지 깊이 있게 파고드니 속도감에 방향성까지 붙어 영향력이 더욱 커진다. 나는 책을 볼 때도 허투루 보지 않는다. 하나하나 밑줄을 치고 타이핑한다. 모든 책을 다 그렇게 한다. 워낙 공부가 부족해서 책을 볼 때만큼은 최대한 흡수하려고 노력한다. 타이핑한 글들은 엑셀 파일에 순서대로 정리되어 있다. 그리고 그 타이핑한 글들만 훑어보면서 다시 그 책을 처음 읽을 때의 감동을 되새긴다. 책을 내려는 사람이 책을 읽지 않는다는 건 자세가 잘못된 것이라 생각한다. 그래서 2권을 준비하면서도 틈틈이 책을 많이 읽는다. 그게 나를 한 단계 더 업그레이드해 주는 힘이라는 걸 확신한다.

　나는 내 아이들에게 공부 잘하라고 얘기 안 한다. 내가 공부를 많이 못

했다는 이유로 아이한테 그 한을 풀려고도 하지 않는다. 다만 내 선에서 해줄 수 있는 아이에게 자신을 업그레이드하는 기회가 될 인맥을 쌓고 환경을 만들어 주려고 한다. 그 기반을 주려고 이사도 일부러 잠실 쪽으로 했다. 평범한 사람들이 윗 단계의 사람들과 어울릴 기회는 많지 않다. 아니 그 기회를 잡는다는 게 평생 어려울 수 있다. 나는 내 아이에게 그 한계에 무릎 꿇게 하고 싶지 않았다. 적어도 어울리는 친구만큼은 조금 수준 높고, 서로 도움을 주고받을 수 있는 그런 여건만큼은 만들어 주고 싶었다. 이 생각은 우리 사회의 냉혹한 돈과 신분의 경계를 느꼈기 때문이다. 나는 흙수저로 자랐지만 내 아이만큼은 시작부터 조금은 앞에서 출발할 수 있게 하고 싶었다. 출발선이 달라서 억울하다는 생각은 갖지 않게 하고 싶었다. 누군가 이 이야기를 들으면 조금은 속물스럽다고 할 수도 있다. 나는 돈이 있으면 나누려는 사람이다. 어렵게 살았기에 어려운 사람을 돌볼 마음은 늘 차오른다. 그러나 내 아이만큼은 뛰어놀 수 있는 그라운드를 조금 다르게 하고 싶은 게 부모의 작은 꿈인 것이다. 그건 속물이라기보다 부모로서의 본능이 아닌가 싶다. 아이가 사회에 나가 조금 더 기회의 문이 넓었으면 하는 마음이다. 그다음에 실패하고, 그다음에 한계를 느끼는 건 온전히 아이의 몫이다.

나는 취미 생활, 운동도 돈과 연결되지 않으면 하지 않는다. 아직은 돈을 더 벌어야 할 때이고 당분간은 그 돈이 내게 붙도록 치열하게 살아야 한다. 사람들은 누구나 자기가 좋아하는 취미 생활 하나쯤은 갖고 사는 게 좋다고 하지만 나는 그것이 돈과 또는 일과 연결되지 않으면 하지 않는 편이다. 나는 돈이 있는 사람들과 어울리면서 워라밸이라는 말이 참 무서운 말이라는 걸 알게 되었다. 그들은 평범한 사람들에게 일보다 삶의 가치, 돈을 더 벌 시간에 놀게 하여 자신의 레벨에 못 올라오게 하는 것이 워라밸이라고 얘기한다. 그 말을 듣는 순간 끄덕였지만 무서웠다. 나는 그들에게 그런 대접을 받고 싶지 않다. 그래서 더 벌어야 하고 그런 사람들과 어울리기 위해 골프를 치고, 그들과의 모임에도 적극적으로 나간다. 그렇다고 아예 나를 위한 즐거움을 포기하는 건 아니다. 겨울에 스키를 탄다든가, 여름에 수상스키를 타는 건 개인적으로 참 좋아하는 취미다. 예전에 당구를 치던 시기가 있었다. 그런데 같이 당구를 치는 사람, 당구를 치는 그 시간이 내게는 낭비였다. 물론 같이 운동을 하며 어울리는 친구들과의 그 추억까지 싫다는 것은 아니다. 그러나 내가 분양 사업을 하고, 돈을 벌고, 나의 인생 레벨을 조금씩 높여 가면서 조금은 현실주의자로 바뀌어 가는 것 같았다. 그렇다고 너무 현실적 혹은 너무 속물적으로 치우치지 않으려고 다양한 책을 읽으며 균형을 잡으려 한다. 현실과 이상 사이의 균형은 곧 삶의 균형으로 이어지기 때문이다.

나는 두 개의 실을 움켜쥐며 산다. 하나는 성실이고, 다른 하나는 절실이다. 밑바닥에서 빚에 허덕이며 눈물겹게 살았고 아직도 밑바닥을 탈출했다고 생각하지는 않는다. 그러나 분양이라는 한 분야에 미치다 보니 서서히 밑을 칠 수 있었다. 밑바닥을 치기 위해 절실함으로 덤벼들었다. 그리고 그 절실함을 중도에서 시들게 하지 않으려고 성실함으로 하루하루를 채워 나갔다. 나에게 두 개의 실만큼 독특한 스타일 두 개가 있다. 이 스타일은 이쪽 업종의 사람들에게는 좀처럼 찾아보기 힘든 것이다. 그중에 하나는 술을 잘 못 먹는다는 것이고 다른 하나는 엄청 가정적이라는 점이다. 분양이나 건설 쪽 사람들은 술의 유혹에서 벗어나기 힘들고, 가정을 챙기는 것도 쉽지 않다. 그러나 나는 본부장을 하고, 지금은 대표를 하면서 이 두 가지를 항상 지켜왔다. 술도 마셔야 할 자리는 마시지만 가능한 한 절제하려 했고, 아무리 일이 많고 바빠도 밤 10시 이전에는 꼭 집에 들어가려고 했다. 내가 살아가면서 여러 유혹에 쉽게 빠지지 않고 내가 목표한 길을 꾸준히 걸어갈 수 있는 힘은 두 개의 실과 두 개의 스타일에 있다고 본다. 성실과 절실, 술에 대한 절제와 가정을 지키는 마음. 나는 이 네 바퀴로 거친 세상을 향해 달려 나간다.

　1권에서 나는 얼마나 힘들게 살았고 어떻게 분양업계의 일인자가 되어 큰돈을 벌게 되었는지를 보여 주었다. 그 단순하면서 농축된 이야기에 많은 사람이 관심을 보여 주었다. 이제 2권에서는 본부장에서 대표가 된 이후 세상이 어떻게 달라 보였는지를 얘기하고자 한다. 그리고 돈 많은 사람들의 돈을 모으는 습관과 생각들을 같이 공유해 보고자 한다. 또한 나를 늘 자극하고 나를 성장시키는 사람들은 어떤 사람들이 있는지 그들에 대한 고마운 마음을 담아 그들을 이 책에 다시 초대하고자 한다. 나는 업계에 있으면서 배신도 당하고, 크게 사기도 당해 보았다. 그러나 그런 상황 앞에서 절대 주저앉지 않았다. 그럼 힘 역시 앞에서 언급한 네 바퀴에서 나오지 않나 싶다.

이 책을 쓰고 있던 2020년에서 2021년 사이, 대한민국은 코로나 19로 얼어붙었었다. 마스크로 입을 가린 채 사회적 거리두기를 실천하다 보니 경기는 더욱 바닥으로 추락했고 앞길이 막막한 사람들의 이야기만 귀에 들어왔다. 그러나 그런 힘든 상황 속에서도 꾸준히 자기 일을 준비하고 만들어 가는 사람이 있었다. 상황이 아무리 힘들어도 자기 할 일은 해내는 사람들이 있었다. 그런 사람들을 보며 나는 또 나 스스로에게 채찍을 던진다. 그리고 어둠이 짙으면 반드시 새벽이 가깝다는 확신을 갖고 있기에 주변 사람들에게도, 나 스스로에게도 희망을 잃지 말자고 이야기한다. 나는 그동안 긍정의 힘으로 본부장 이전의 세상을 건너왔다. 이제는 조금 근거 있는 희망으로 대표 이후의 거친 삶을 당당하게 살아간다. 책과 유튜브 강의 등을 통해 여전히 배움에 대한 끈을 놓지 않으며 각종 대학원최고위과정과 특별한 강좌에 신청하여 내 인맥의 폭도 꾸준히 넓혀 간다. 사람들은 겉만 보고 판단하는 버릇이 있다. 오리가 수면 밑에서 얼마나 처절한 발길질을 하는지 우리는 그냥 무심코 지나간다. 나는 여전히 엄청난 발길질로 하루하루를 건너간다. 그리고 그 발길질이 습관이 되어 10년 후, 20년 후에도 여전히 치열하게 살아갈 것이다.

마키아벨리의 《로마서 논고》에 이런 말이 나온다. "운세가 좋으면 거만해지고, 나쁘면 기가 죽는 일이 일어나는 원인은 여러분의 생활이나 여러분이 받았던 교육에 있습니다. 교육 방법이 연약하고 겉치레가 되면 여러분은 그러한 인간이 될 것이고, 이와는 다른 교육을 받으면 여러분 또한 다른 종류의 인간이 되어, 세상사에 대해서 좀 더 풍부한 지식을 얻게 되고, 행운에 취하거나 역경에 실망하는 일도 그다지 없게 될 것입니다." 나는 이 말을 나를 아는 사람들, 혹은 나와 같은 분야에서 치열하게 미래를 준비하는 사람들 아니 대한민국이라는 땅에서 자신의 한계를 넘어서려고 부단히 노력하는 사람들에게 응원가로 바치고 싶다. 교육을 받고 무언가 다른 것을 배운다는 건 어떠한 열악한 상황에서도 기죽지 않고 역경을 성공의 경력으로 바꿀 힘을 얻는다는 것이다.

　나 형국진은 아직 부족한 게 많다. 대표가 되고 나서 그 부족함을 더 많이 느낀다. 책을 더 많이 읽으면서, 더 많은 사람을 만나면서 그 부족함을 새롭게 느낀다. 그러나 그 부족함을 그냥 방치하지 않는다. 부족함을 하나씩 채워 가며 나의 크기를 조금씩 키워 간다. 그것이 현재를 살아가는 형국진의 자세다.

　　　　　　　　　　새벽 5시, 잠실의 내 서재에서 명상의 시간을 가지며….

　　　　　　　　　　　　　　　　　저자 형국진

1장

아파트형 공장으로
10억을 벌었다
이제 더 큰 세상을 본다

본부장 시절 난 절박하게 일을 했다. 그래서 남들이 쉽게 벌 수 없는 많은 돈을 벌었고, 그 노하우가 궁금해서 많은 사람이 나를 찾았다. 이제 대표의 자리에 섰는데 그 자리에서 보는 것들이 완전히 달랐다. 돈 많은 사람들의 생각, 돈을 쉽게 버는 방법, 대표들의 고민이 하나둘씩 눈에 들어오고 있다.

성실과 절실의 두 발로
이 업계를 걸어왔다

"행복한 가정이란 모두가 서로 매우 비슷하지만 불행한 가정은 제 나름으로 불행한 것이다." 톨스토이의 안나 카레니나 첫 구절에 나오는 말이다. 세상 모든 사람은 자기만의 불행을 얘기한다. 그 불행을 엄청 부풀려 얘기하는 사람도 있고, 너무 부끄러워 말도 못 꺼내는 사람도 있다. 나는 이미 내 인생의 불행에 대해서는 첫 책에서 어느 정도 밝혔다. 등이 휠 것 같은 삶의 무게에 비명이 저절로 튀어나오는지도 모르고 살았다. 정신없이 빌라를 분양하고, 지식산업센터도 분양하며 팀원을 이끌며 전쟁 같은 분양 현장의 야전 지휘관인 본부장의 삶을 살았다. 이제는 한 회사의 생계를 책임지는 대표가 되었다. 그러다 보니 야전에서 무릎 까지며 지냈던 시절에 보이지 않던 것들이 조금씩 보이기 시작했다. 한 회사의 대표로서 봤던 그 새로움들을 내 첫 책을 봤던 사람들, 아니나 형국진을 처음 만나는 사람들과 소박하게 공유하고 싶다.

나는 노력하면 누구나 나처럼 돈도 벌고 성공할 것이라 생각했다. 다 그럴 것이라 생각했다. 그런데 오산이었다. 노력 이외의 무엇인가 있어야 했다. 그게 바로 성실이고 절실함이며, 꾸준함이었다. 무슨 일이든 절박하게 지속적으로 덤벼들지 않으면 성공할 수 없다. 이 일이 안 되면 끝장이라는 각오가 없다면 업계에서 살아남을 수 없다. 사람을 만나고, 그 사람을 설득하고, 내가 가진 제품을 팔아 내 통장에 돈이 입금되게 한다는 그 당연한 흐름을 주도할 수 있는 에너지는 절박함이었고 하나를 더 한다면 꾸준함 즉, 성실함이었다. 그런데 노력은 많이 하는데 그냥 타성적으로 노력하는 사람이 많았다. 자기 주도적인 노력이 아니라 억지로 해야 하는 노력이었다. 이런 노력은 절실함과 성실함으로 무장한 사람들의 노력과 비교해 그 결과는 천지 차이였다. 나는 대표가 되고 나서 그걸 알 수 있었다. 다 나처럼 성실함과 절실함으로 노력하는 줄 알았는데 그게 아니라는 걸 느낀 것이다.

분양업계는 학벌도 그렇게 중요한 곳이 아니다. 처음 이 업계에 뛰어들 때 나는 돈도 없고, 백도 없고, 학벌도 없었다. 그럼에도 한 걸음 한 걸음 앞으로 나갔고, 한 단계 한 단계 위로 올라갔다. 빌라 한두 채를 분양하다가 열 채를 분양하는 요령도 생겼고, 그렇게 눈앞에 일에 집중하다 보니 1년에 10억을 버는 사람이 되어 있었다. 나는 어느 날 하늘에서 뚝 떨어진 능력을 부여받은 사람이 아니다. 생계를 해결해야 했고, 어떻게든 이 업계에서 살아남아야 했다. 그러다 보니 잘하는 사람의 비법이 눈에 들어오고 그걸 따라 했다. 실패하고 낙담할 때도 있었지만 결코 포기하지 않았다. 이 방법이 안 되면 저 방법은 써보자는 마음으로 꾸준하게 도전하고 덤벼들었다. 그랬더니 나만의 노하우가 하나둘 생기기 시작했다. 사람을 만나는 요령, 그들을 설득하는 요령이 늘어갔다. 그 요령은 하루아침에 생긴 게 아니었다.

나의 성실함과 술을 못하는 체질은 타고났는데 아마도 아버지의 영향을 많이 받은 것 같다. 나를 조금 아는 분들은 "아니, 형 대표가 술을 못한다고?" 하면서 의아해할 것이다. 고백하건대 나는 정말 술을 못한다. 그럼에도 그걸 티를 내고 싶지 않아서 조금씩 주량을 늘려 갔을 뿐이다. 나는 어렸을 때 아버지가 참 미웠다. 아버지는 돈이 있는데도 어디 투자를 안 하시고 소극적으로 안고만 계셨다. 안 쓰고, 저축만 하시는 성향이셨다. 여윳돈을 투자한다는 건 한 번도 해 본 적이 없으신 분이었다. 대신 어머니는 조금 공격적인 성향이셨다. 아버지가 돈을 안 쓰시다 보니 그래도 돈이 모였고 우리 집은 그 덕으로 동대문 쪽에 아파트를 샀다. 나는 아버지의 보수적 투자, 어머니의 공격적 투자 성향을 다 받은 것 같았다. 혈액형도 A형의 아버지, AB형인 어머니를 합쳐서 나는 AB형이다.

나를 아는 사람은 알겠지만 나는 성격이 왔다 갔다 한다. 사람들이 헷갈려 할 때가 많다. 적은 돈에 대해서는 아버지를 닮아서 굉장히 보수적인데 큰돈은 어머니를 닮아서 그런지 아주 공격적이다. 아내 생일 때는 서슴없이 차 한 대를 뽑아 주기도 했다. 소형차였는데 한 2년 정도 타다가 다시 아내가 마음에 들어 하는 미니쿠페를 타고 싶다고 해서 그것도 사줬다. 나는 질러댈 때는 질러대는 사람이다. 돈을 참 멋지게 쓰고 싶은 사람이다. 부동산도 몇 개씩 산다. 큰돈을 쓰는 건 절대 아버지 성향과는 반대다. 그러나 천 원짜리, 만 원짜리에는 아주 예민하다. 나는 돈 내기하는 것도 좋아하지 않는다. 카드나 도박 같은 것도 해 본 적이 없으며, 로또도 한번 사 본 적이 없다. 요행 같은 건 바라지도 않고 오로지 투자는 부동산뿐이다. 주식도 베팅이라고 생각해서 잘 안 한다. 나는 자기가 노력한 돈이 아닌 하늘에서 뚝 떨어진 돈에 대해서는 좋게 생각 안 한다. 주식도 조금 해 봐서 100만 원, 200만 원 샀던 적이 있다. VIP 고객 덕분에 주식도 한번 해 본 적이 있다. "고급정보인데 형 대표에게만 주는 거야. 일단 사고 내가 팔라고 할 때까지 가지고 있어.", "네, 대표님." 몇 달 후 2/3토막이 났다. 그런데 이쪽에서 큰돈을 벌면 저쪽에서는 돈을 잃는다는 걸 알았다. 그리고 잃는 사람들은 대부분 개미였다. 한푼 두푼 모아 주식에 투자하는 사람들이 많다. 그 사람들의 파워가 조금 높아져서 동학개미라는 말도 나왔다. 그러나 그들 중 대부분은 돈을 벌지 못하고 있다는 걸 나는 너무 잘 안다. 나는 돈 모은 것을 누군가에게 맡기지 않는다. 돈을 맡기면 키워 주겠다고 하는 사람들을 믿지 않고 그들과 어울리지도 않는다. 다만, 부동산만큼은 조금 다르다고 생각하고 있다.

부동산은 대부분 원원이다. 분양시장에서 고객은 테넌트라고도 불린다. 나는 그들과 만나 골프도 치며 어울린다. 자연스럽게 그들의 골프모임 멤버로도 활동한다. 그분들 중에 분양가로 100억 넘게 투자한 분이 있다. 이런 분들이 나를 업그레이드 시키는 것 같다. 또 어느 고객이 추천해 MBC 스피치 최고위과정에도 등록했는데 그 아카데미에는 말을 잘하고 싶은 CEO분들이 대부분이었다. 5개월 과정이며 등록비는 500만 원이며, 스피치도 배우고 친목 모임도(인맥) 한층 넓어진다. 은퇴한 아나운서 또는 현직 아나운서들이 교육을 해 주며, 사장님들 한 명씩 스피치 연습을 시키는데 최근에는 코로나19 때문에 중단된 상태다. 그분들과 못하는 술도 같이 하면서 인맥을 쌓아 가고 있다. 내가 사장이 되고 보니 본부장 시절에 어울리던 인맥과는 너무나 달랐고, 만나는 한 분 한 분이 내 스승이라는 생각이 참 컸다.

술 얘기를 잠깐 하면, 나는 33세 즈음부터 술을 먹었던 것 같다. 처음에는 너무 술을 못해 콜라를 마셨고, 그게 눈치 보여 소주 반 잔을 먹고 게워내고 속에서 안 받아 다시 게워내면서 마셨다. 정신이 흔들렸지만 참고 이겨냈다. 술도 그렇게 조금씩 늘려 갔다. 한 7년 정도 술을 마시니 한 잔이 두 잔 되고, 지금은 소주 한 병 정도는 마시는 수준이 되었다. 소주 한 병 정도 마시니 술자리에 어울리는 게 자연스러웠다. 겪어 보니 건설회사와 금융회사 사람 중에는 술고래가 참 많았다. 어느 날 친한 중견 설계사 대표님이 건대 부동산최고위과정을 추천해 주셨다. 사유해보니 내가 하는 일도 부동산 관련이고 이쪽에서 성공하고 싶은 야망도 있어 어렵게 들어갔다. 조금 더 전문적인 교육도 받고 같은 일에 종사하시는 분들과 인맥 쌓기도 좋은 기회였다. 그 기수에 55명이 모이는데 건설, 금융, 증권 등 분야가 다양했다. 원우 대부분은 자기 일에 성공했으며 전문가분들이 많았다.

　그분들하고 이야기도 하며, 술을 마시면서 건설과 금융 쪽 사람들의 술 먹는 차이도 알게 되었다. 건설 쪽은 술을 권하고 함께 마시는 스타일에 가깝고, 금융은 건배만 하며 먹는 편이다. 잦은 술자리를 하다 보니 술에 못 이겨 집에 기어들어 간 적도 몇 번 있었다. 그렇게 일 때문에 사람들과 어울려 술을 마시다 보니 술도 세졌다. 고객 중에 전직 세무서장이 있다. 종종 술도 마시며 서장님 별장도 가족들과 함께 가서 놀다 보니 어느새 친해졌다. 서장이 되기 전 국세청에 근무하시면서 다양한 업종 중 피해야 할 업종을 얘기해 주셨다. 건설업, 금융업, 운수업이라고 하셨다. 국세청에서 세무와 관련된 일을 오랫동안 하시면서 나온 말씀이었다. 서장님은 지금은 70대 초반인데 처음에는 아버님 하다가 지금은 형님이라고 부르라고 해서 형, 동생 하며 지낸다. 이분이 얘기한 피해야 할 세 가지 업종 중에서 나는 운수업은 연결이 잘 안 되어서 어쩔 수 없이 피하긴 하지만 건설과 금융은 피할 수도 없고, 그쪽 사람들과 안 친해지려야 안 친해질 수가 없었다. 내가 하는 이쪽 업종이 그렇다 보니 어쩔 수가 없었다. 한편으로는 내가 하는 분양대행 사업도 그렇지 않다고 볼 수는 없다.

　내가 가정적인 것은 아버지의 영향을 많이 받은 것 같다. 아버지는 집에 오실 때면 꼭 무언가를 사 오셨다. 비싼 건 아니라도 항상 뭔가를 사 오셔서 가족과 함께 먹었다. 나는 스무 살 무렵 방탕한 생활을 하며, 친구와 함께 가출도 했다. 그 시절을 지나 결혼도 하고 자녀도 낳고 보니 아버지의 그 가정적인 모습이 내 몸에 자연스럽게 배어서 나도 집에 들어갈 때 종종 뭔가를 사 가지고 들어가는 버릇이 생겼다. 어머니도 그러신다. "넌 집에 올 때면 뭘 이렇게 들고 오냐"고. 나는 밤 10시만 되면 술자리가 초조해지고 술도 잘 안 먹혔다. 이제는 같이 일하는 분들이 내 성향을 잘 안다. 나는 술을 강제적으로 권하는 사람을 가능한 한 안 만나려고 한다. 그게 어느 정도 철칙으로 자리 잡고 있다.

나는 책을 사랑하고
많이 읽는 다독가다

나는 힘든 시절을 긍정의 힘으로 건너온 것 같다. 돈을 얼마 못 벌 때도 자기계발서를 보며 나 자신을 채찍질하곤 했다. 내가 이 자리에 있는 건 독서의 영향이 큰 비중을 차지하는 것 같다. 돈을 1억, 10억, 100억을 벌 때도 나는 과거의 나를 잊지 않으려 한다. 그래서 더 겸손하려고 한다. 살아오면서 느낀 것 중 하나는 오만한 사람은 한순간에 무너질 수 있지만 겸손한 사람은 꾸준히 오래 간다는 것이다. 그래서 나 스스로 더 겸손하려고 노력했고 내 주변에도 그런 사람을 많이 두려고 했다. 자기계발서도 운전하면서 오디오북으로도 들었다. 론다 번의 《시크릿》은 나의 첫 자기계발서인 듯하다. 베스트셀러 자기계발서는 거의 다 본 것 같다. 그 책들이 전하는 긍정 에너지가 내 몸속에, 내 정신 속에, 내 인생에 깊이 스며들었다.

간혹 사람들은 내 눈을 보면 눈매가 매섭고 강하다고 이야기한다. 나는 사람을 유심히 관찰하는 편이다. 그 사람의 성향을 놓치지 않고 싶어서 그렇게 본다. 혹여 내 부주의로 좋은 사람을 놓칠까 봐 그렇게 본다. 혹은 나에게 해가 될 사람인지를 파악하는 면에서도 사람 보는 눈은 필요하다. 우리 집 식구들은 안경을 쓰는데 나만 안경을 안 쓴다. 지금은 노안이 와서 안경이 필요하고 그것 때문에 약간의 스트레스를 받지만 웬만하면 거의 안경을 안 쓰고 다닌다. 그러다 보니 시선이 더 강하다고 얘기할 수도 있겠다는 생각이 든다. 내가 본부장에서 대표로 직책이 바뀌면서 사람 보는 눈도 달라졌다. 이런 일을 하다 보면 참 다양한 사람들을 만나는데 나는 가능하면 긍정적인 사람과 인연을 맺으려 했다. 신입직원들 면접을 볼 때도 단점보다는 장점을 보려고 노력한다. 나는 그 사람의 장점에 터보를 달아 주는 사람이다. 어떤 사람을 만날 때도 '아, 이 사람은 이것만 더해지면 쭈욱 치고 올라가겠네.' 하는 게 보인다. 누가 어떤 사람을 부정적으로 얘기하고 흠집 내려고 하면 "당신은 얼마나 잘하길래 그렇게 말해. 당신이나 잘해."라고 얘기한다.

　나는 책에 대한 욕심이 참 많은 것 같다. 분양 관련 사업을 하는 사람들에게서는 발견할 수 없는 특징 중에 하나다. 앞에 언급한 술을 덜 먹는 것, 가정적인 것에 더해 책을 많이 읽는 것도 분양 사업과 전혀 무관한 나의 특이한 스타일 중에 하나다. 내가 잘 아는 형님 중에 명동에 있는 증권사의 지점장으로 계신 분이 있다. 내가 2015년 첫 책을 냈다고 하니 자기도 주식 관련 책을 쓰고 싶다고 했다. 그러곤 얼마 후 책을 쓰셨다. 그것도 두 권이나. 형님이 하는 일과 관련된 전문 서적이며 출간 당시 탁월한 예측도 하셨다. 어떠어떠한 주식이 오를 거라며 추천을 해 주셨는데 얼마 후 정말 그 주식은 올라 있었다.

 나는 이분의 책도 그렇고 주변 분들이 책을 내면 수십 권 정도 구매를 해서 직원들에게도 나누어 주고 주변 분들에게도 권한다. 내 책을 그렇게 사 주신 분들도 있어서 보답 차원에서도 그렇게 하고 실제로 좋은 책을 쓰셔서 자발적으로 구입을 한다. 우리 일에 도움이 되거나 직원들에게 도움이 될 것 같은 책은 꼭 즉시 구매를 한다. 그렇게 사서 영업사원들에게도 선물로도 주고 손님들에게도 한 권씩 나눠준다. 책을 선물하면 고마워하시는 분들이 많다. 내가 이렇게 책을 좋아하게 된 것은 예전 가난했던 시절 빌라를 팔 때 만난 50대 건축주 여사장님 덕분이다. 그분이 책을 추천한 건 아니지만 그분의 영향을 받아서 책을 많이 읽었다. 첫 부동산 일을 시작할 당시 역삼동 인근에서 근무할 때 윤 대표는 일주일에 책 한 권씩 추천해 주셨지만 그 영향으로 책을 많이 보게 된 것 같지는 않다.

 나는 지금 한 분야의 책만 읽지는 않는다. 다양한 분야의 다양한 책들을 읽고 있다. 직원들을 어떻게 하면 잘 이끌어 갈 수 있을까를 고민하며 《세뇌》라는 책도 읽고 세일즈 관련 책을 보면서 비즈니스에서 내가 놓치지 말아야 할 것들을 챙긴다. 본부장 시절 때까지는 자기계발서를 많이 봤는데 요즘은 철학, 인문학 쪽 비중이 높은 것 같다. 시간이 있어서 읽는 게 아니라 더 일찍 일어나서 읽고 더 늦게 잠자리에 하면서 읽는다. 차에서 오디오북을 듣는 것도 자투리 시간을 아껴서 책을 보려는 의도이다. 내가 철학책을 보는 이유는 철학책은 우리에게 답을 주는 것이 아니라 질문을 주며 사람의 마음을 알기 위해서다. 내가 하는 이 일은 아니 모든 세상의 일은 사람의 마음을 읽는 게 중요하다. 사람의 마음은 분명 화장실 갈 때와 나올 때가 다르다. 그걸 같게 하기 위해서 철학이 필요하다. 분양 관련 사업 분야는 돈 관계, 이해관계가 많이 얽히는 분야다. 어떠한 일로 천만 원을 주기로 약속해 놓고 정작 약속 시간이 되면 '내가 그 돈을 왜 줘야 하지?' 하며 마음이 바뀌는 사람들이 많은 곳이기도 하다. 돈을 안 줘도 되는 쪽으로 자기합리화를 하거나 뭔가 예상치 못한 꼬투리를 잡는 사람이 많다. 그런 사람들을 보게 되면 내가 작아진다. 그러다 보니 약속을 해 놓고 이걸 안 지키는 사람들의 심리가 궁금했다. 그 궁금증을 해결하기 위해 서점을 찾았고 책을 읽었다. 그렇게 철학책도 보고 심리학책도 봤다.

책을 읽을 때는 재밌고 유익해서 시간 가는 줄 모른다. 사장이 되고 나니 약간 더 시간의 여유가 생겨 책 읽는 시간이 많아진다. 그런데 인문학 및 철학책만 읽다 보면 일에 대한 감이 떨어지는 게 단점이다. 이쪽 사업 분야는 현실감이 떨어지면 안 된다. 조금 과하게 이야기하더라도 파는 일에 집중해야 한다. 나는 그런 감각이 떨어지는 것조차 경계한다. 책과 현실은 다르다는 걸 너무 잘 안다. 책은 그저 참고만 하면 된다. 책은 이상의 세계이고 현실은 무언가를 팔아야 하는 세계다. 그래서 요즘 생각을 바꾼 게 근무시간에는 책을 최대한 안 보려고 한다. 출근 시간 이전 또는 퇴근 후 주로 책을 보는 편이다.

내가 읽은 책 중에 가장 귀한 책을 든다면 《몰입》이라는 책인 것 같다. 몰입은 나에게 다른 세계를 열어 주었다. 책이라는 물건은 내가 버는 소득에 비해 엄청 싸면서 효과는 높은 투자다. 가성비 최고의 투자라 할 수 있다. 그래서 책을 많이 사게 되고 시간이 지날수록 집에 책이 많이 쌓인다. 사무실에서도 그때그때 필요한 책을 사다가 꽂아둔다. 책은 성경책도 보고, 절판된 책도 꼭 봐야겠다는 마음이 들면 중고서점을 뒤져서라도 구입해서 읽는다. 책을 읽다 보면 현실감각이 떨어질 우려도 있지만 나에게는 든든한 우군이라는 생각이 든다. 내가 초심에서 멀어지거나 자칫 오만해지려는 순간에 책이 채찍이 되고 책이 디딤돌이 되고 책이 큰 형님이 되어 나를 이끌어 주는 것 같다. 그래서 차 안에는 오디오북 파일과 책이 늘 몇 권씩 나와 같이 다닌다. 요즘은 '윌라'라는 앱도 많이 사용한다. 잠들기 전이나 이동 중에 책을 읽어 주는 앱이다.

서점에서 온 가족이 책을 구입하고 한 컷 |

분양 관련 일을 하면서
절박함을 쌓아 온 것 같다

나는 돈 많은 사람들을 많이 만난다. 그들 중에는 사업가도 있고 군인도 있고 금융인도 있다. 그들을 만나면서 그들이 돈을 벌 만한 이유가 있다는 것도 알게 되었다. 공자의 말 중에 "항산恒産이 있어야 항심恒心이 있다."라는 말이 있다. 일정한 생활 근거가 없는 사람은 일정한 마음이 없다는 말인데 일정한 마음이 없으면 방탕에 빠지거나 사악해진다고도 한다. 돈이 많은 사람들은 '유항산 유항심'이었다. 늘 꾸준하고 도덕적이었다. 원래 교육을 그렇게 받아서 그런지 항상 좋은 말만 했다. 그냥 돈이 모인 게 아니라 그런 밑바탕이 있었다는 걸 알게 되었다. 돈 많은 사람들의 모임을 나가면서 그들과 베트남에 갈 일이 있었다. 거기서 종업원들에게 만 원씩 주는데 베트남에서 만 원은 큰돈인데 그걸 쉽게 주고 항상 웃으면서 고맙다는 말을 한다. 나는 이런 행동들을 옆에서 보면서 관찰하고 그들의 습관도 배웠다. '아, 저런 게 돈을 부르는 습관이구나.' 하는 걸 느꼈다.

건국대학교 부동산대학원
최고경영자과정 수료식 장면

2017년에 난 건국대학교 부동산 최고위과정에 입학했다. 그 과정을 같이 듣는 동기생 55명 중에 10%는 자본이 많은 사람들이었다. 골프 모임도 나가고, 내가 막내다 보니 허드렛일도 적극 나서서 한다. 술도 같이 마시면서 나름 친분을 쌓아 가고 있다. 그들이 나에게 술을 사주겠다고 부른 적도 몇 번 있었다. 부자들은 그들만의 멤버십, 그들만의 사교 모임이 따로 있다. 부자도 아닌 내가 그분들과 함께했다. 건국대 부동산학과 최고위 과정은 나에게 부자들과 어울릴 수 있는 발판이 되었다. 나보다 레벨이 높은 사람들을 만나 나의 수준도 업그레이드되었다. 나는 돈이 많은 사람들도 많이 만나고 학벌이 좋은 사람들도 많이 만났다.

2020년 5월에는 MBC의 스피치과정을 들었다. 이 과정은 CEO들만 모여서 대중 앞에서 이야기하는 걸 훈련하는 과정이었는데 코로나19로 인해 여러 번 연기되다가 겨우겨우 과정이 진행되었다. 그 모임 역시 나보다 한 수 위의 사람들과 어울릴 수 있는 자리였고, 그들을 만나면서 나 또한 자연스럽게 한층 업그레이드되었다. 그 모임 역시 내가 막내였다. 나는 모든 일에 있어 솔선수범의 대명사다. 고기를 구울 때도 일일이 내가 직접 구워서 서비스한다. 종종 비싼 술값도 내가 쏘는 경우도 있다.

바닥 생활도 오래 하고 막내 생활도 오래 하다 보니 허드렛일이 몸에 밴 듯하다. 모임에서 서비스 정신이 몸에 배어 있는 것이다. 그래서 그 습관이 일상에서도 그대로 이어지곤 한다. 직원들이나 가족들하고 밥을 먹으러 갈 때도 내가 물도 따르며 기본 세팅도 한다. 고기를 자르고 묵은지를 자르는 것도 다 내가 직접 한다. 이런 모습을 아들에게도 보여 준다. 그리고 "네가 아빠처럼 솔선수범해야 사랑을 받는 거야."라고 말해 준다.

사실 이런 모임, 저런 모임을 가려면 체력이 뒷받침되어야 한다. 내 장점 중의 하나는 잔병치레를 안 한다는 것이다. 결혼한 이후 병원에 간 적이 한 번도 없다. 매일 매일 운동도 꾸준히 한다. 운동도 거창한 걸 하는 게 아니다. 줄넘기 같은 가장 기본적인 운동을 한다. 줄넘기를 한 시간 정도 하는데 그것만 해도 족하다고 본다. 일찍 일어나고 운동을 꾸준히 하니 감기 한 번 안 걸린다. 그렇게 쌩쌩한 몸으로 여기저기 모임에 나가면 사람들이 참 좋아한다. 사람들은 아무래도 축 처지고 아픈 사람보다는 밝고 에너지 넘치는 사람을 좋아하기 마련이다. 돈도 많이 벌고 부자들처럼 살고 싶다면 부지런해야 하고 긍정적인 사고를 가져야 하고 좋은 말을 해야 하고 운동도 꾸준히 해야 한다. 나는 절박함으로 시작해서 하나둘 부자들의 습관을 몸에 쌓아 가고 있다.

2020년 8월, 운동을 열심히 하고 땀을 흠뻑 흘린 내 모습 |

단점만 보고 뒷담화만 하는
사람은 돈을 못 번다

그 사람의 성향을 보면 그 사람의 재물 수준이 보이는 것 같다. 돈이 저절로 따라붙는 사람이 있는 반면 돈을 쫓아가기 급급한 사람이 있다. 내 고객 중에 서울대 나온 분이 한 분 있다. 미국에서 정치외교학 박사 학위를 받은 아주 똑똑한 분이었는데 대학교수를 하다가 우리 회사에서 잠깐 함께 일했다. 정치를 전공해서 그런지 언어 수완도 좋아서 5개 국어를 유창하게 한다. 그런데 이분의 성향을 보면 사람을 만날 때 장점보단 단점을 주로 본다는 것이다. 어느 순간부터 함께 일하면서 그 성향 때문에 스트레스를 받기 시작했다. 주로 남 얘기를 많이 하는 편이었다.

이 분이 정치외교학과를 나와서 그런지 일하다가 정치 얘기를 많이 하는 편이었다. 박근혜 좋아하다가 문재인 욕하고 문재인 좋아하다 박근혜 욕하고 막 왔다 갔다 한다. 그래서 나는 그분에게 이런 말을 했다.

"형님, 그거 알아서 뭐 해요? 정치에 유식하면 매달 내는 카드값에 도움 돼요?"

"안 되지!"

"근데 왜 그 얘기를 저한테 자꾸 하세요? 제가 정치를 잘 알면 저한테 오는 손님의 계약에 반영이 되나요? 문재인이 나랑 무슨 상관이에요? 저는 정치인, 연예인, 스포츠 다 몰라요. 일에 도움이 되는 이야기를 했으면 좋겠어요."

이렇게 폭발한 적이 있다. 나는 일의 효율성을 중요하게 생각한다. 내가 뭔가를 배우려 하는 건 경제 용어, 부동산 용어 등이다. 이런 걸 공부해야 내 일이 도움이 된다는 걸 잘 안다. 예능인들이나 정치인들도 나름 자기들만의 영역에서 최선을 다하고 있는 것이겠지만 내 일 하고는 전혀 무관하다. 그들은 내 일에 100원짜리 하나 도움을 못 준다. 그래서 직원들에게도 그런 것에 관심을 갖지 말라고 얘기한다. 거기 관심 쏟다가 정작 자기 할 일 못 하고 순식간에 노숙자로 전락할 수 있는 것이다.

내가 본부장에서 사장이 되면서 달라진 자세는 직원들 보는 눈도 다르고 일을 대하는 태도도 달라졌다는 것이다. 본부장은 그저 직원일 뿐이다. 월급을 받는 건 아니지만 자기가 일한 만큼 가져가는 수당이라는 게 있고 회사라는 우산도 있다. 오로지 집중해야 하는 건 영업이다. 누구를 만나 자기가 맡은 상품을 팔 수 있어야 한다. 세일즈도 하고, 직원교육도 한다. 그러다 보니 현장감이 아주 날카롭게 살아 있다. 교육도 피부에 와 닿는 이야기를 한다. 일하면서, 적을 죽이면서 죽이는 방법을 알려 주니 생동감이 넘치고 직원들도 잘 흡수한다. 그런데 대표가 되고 나서는 그런 일을 안 한다. 그러다 보니 현장감은 분명 떨어진 것 같다. 그러나 전체를 보는 눈은 생긴 것 같고 만나는 사람도 달라진 것 같다. 영업을 위해 고객을 만난다기보다 부동산 관련업을 하는 대표들 또는 기존 고객대표들 위주로 만나게 된다. 본부장과 사장의 차이를 굳이 얘기하자면 만나는 사람들의 레벨이 조금 달라졌다는 것이다. 예전 고객들은 종종 연락은 하지만 비즈니스 차원에서 만나지는 않는다.

이쪽에서 오래 일하다 보니 생긴 가치관 중 하나는 사람을 쉽게 믿지 않는다는 것이다. 큰 사기를 한 번 당하다 보니 조심성이 생긴 것 같다. 어떤 사기를 어떻게 당했는지는 책 뒷부분에서 자세히 이야기할 것이다. 돈이 좀 모이면서도 사람 보는 눈이 달라졌고 사기를 당하면서도 사람 보는 눈이 달라졌다. 일단 사람 말을 잘 믿지 않는다. 사람을 보는 시작점이 다른 것이다. 사람을 만나게 되면 일단 경계를 하고 의심을 깔고 대한다. 그런 게 좀 생겼다. 사람에게 다쳐서 그런 것 같다. 사기를 크게 당하면서 법도 공부하게 되었고 자연스럽게 알게 되었다. 상대가 돈을 안 주려고 마음먹으면 못 받는다. 서류나 법정 소송 같은 노력 다 필요 없다. 안 주려는 사람은 무슨 수를 써도 돈을 받아낼 수 없다. 사기를 쳐도 법이 해결해 주지 못한다. 처벌도 약하다. 법이 어느 정도까지 나를 보호해 줄 수 있는지 현실 감각까지 생긴 것 같다.

일한 돈도 못 받았고
빌려준 돈도 못 받다

우리나라 사람들은 의외로 경제사범들을 좋게 보는 것 같다. 죄질은 안 좋은데 처벌은 의외로 굉장히 약하다. 100억 넘게 사기를 치고 감옥에 가면 그곳에서 꽤 대접을 받는다고 한다. 세금 포탈도 잘하는데 요리조리 법의 그물망을 잘 빠져나간다. 나의 경우처럼 돈을 안 주겠다고 마음먹은 사람은 돈 받기 글렀다고 생각하고 포기하는 게 신상에 좋다. 그거 받으려고 아등바등하는 노력과 시간을 다른 새로운 일을 만드는 데 투자하는 게 좋다고 본다.

2017년 모 신탁과의 소송이 분양 사업을 하면서 겪은 첫 소송이다. 사업 초기 100억 이상 분양하고 받기로 한 수수료의 절반 이상을 못 받았다. 금액으로 환산하면 3억이 넘는 금액이다. 수수료의 과반수가 영업하는 직원들의 몫이고 이외 기타 직원들의 몫과 사업운영비로 충당한다. 나는 대표의 신분으로 법원에 가서 판사, 피해자, 피의자가 한 공간에 앉았다.

판사: 모 신탁에게

"계약금 10%를 받았고, 계약금에 대한 이익 즉 판매에 대한 이익이 있네요?"

"아니, 일한 거 주는 건 당연한 거 아냐? 그거 안 준 판례는 없어. K 신탁 당신들 나쁜 사람들 아냐?"

판사가 그렇게 얘기해 주니 속이 다 시원했다. 역시 정의는 살아 있구나 싶었다. '우리나라가 기본은 돼 있구나. 법은 살아 있구나.'라고 생각했다. 일한 증거도 있으니 승소할 거란 확신이 들었다. 그러나 얼마 후 판결 결과는 딴판이었다. 역시 법은 힘없는 사람들에게 제대로 엿을 먹였다. 입으로는 정의를 얘기하더니 판결은 모 신탁의 편을 들어줬다. "그대로 따져 보니 너희들이 더 잘못한 것 같아. 너희가 성실하게 일하지 못했고 약속도 못 지켰어." 그런 게 법이었다. 지금은 그나마 약자를 보호해 주는 정권이지만 2017년에는 법의 그 행태를 보니 너무 화가 났다. 내가 책에 이 이야기를 꼭 넣으려는 건 같은 업종에서 일하시는 분들이 내 아픔을 되풀이하지 않기를 바라는 마음 때문이다.

또 다른 사기는 분양업계에서 비일비재하게 일어나는 일이다. 나도 그걸 피해 가지 못했다. 시행사에서 사업을 진행하는 데 자금이 부족하다는 이유로 우리 회사에 공탁금을 요구했다. 함께 일하는 직원들과 상의 후 공탁금을 넣기로 했다. 어렵게 돈을 준비해서 2억의 공탁금을 넣었다. 얼마 후 1억이 더 필요하다고 하여 1억을 더 넣고 또 얼마 후 자금이 또 필요하다고 하여 5천만 원을 더 넣었다. 결국 3억 5천만 원이 공탁금으로 되었다. 공탁금 회수 날짜가 지나 자금 회수 이야기를 몇 번 했지만 차일피일 미루고 딴소리만 했다. 결국 1년이라는 시간이 흘러 소송을 걸었다. 빌려준 돈에 관한 소송이라 승소했지만 공탁금 명분으로 돈을 빌려 간 시행사는 자금이 없다는 핑계로 갚지 않고 있다. 나는 그렇게 얘기하는 경우 돈을 못 받는다는 걸 안다. 생각하고 고민해 봐야 답도 없을듯하고 난 다시 영업을 하며 일하기로 결심했다. 그거 받으려고 스트레스를 받으며 시간 버리고 몸 버릴 바에야 긍정 에너지로 다른 일을 하는 게 낫다고 생각했다. 나는 이렇게 어두운 구렁텅이에서 햇볕이 있는 밝은 땅으로 잘 빠져나온다. 생각의 전환이 빠른 편이다.

  사회에서 만난 친한 형님이 한 분 계신다. 형님이 그 모 신탁을 잘 안다며 담당 직원에게 야단을 좀 친다고 하셨지만 "저는 괜찮습니다. 형님, 지금 당장 제가 영업하면 금방 복구합니다. 마음은 고맙지만 그런 거 안 했으면 좋겠어요. 지금은 그때 일을 잊고 내일에 집중하고 싶습니다."라고 얘기했다. 얼마 후 난 일산, 동탄, 김포, 가산의 현장들을 분양하기 시작했다. 그렇게 해서 다시 돈을 벌고 직원들 교육을 하고 심기일전한다. 이렇게 빨리 마음을 접는 것도 내가 젊어서 그런 것이라고 생각한다. 나이가 좀 있었으면 유능한 변호사에게 돈 써 가며 어떻게든 받아내려 했을 것이며 회복탄력성 또한 더딜 것이라 생각한다. 내가 아직 어려서 회복탄력성이 있는 것 같다. 만약 나이 들어서 이런 사기를 당하면 감당하기 힘들 것이라 생각한다. 그런데 이런 일을 하나둘 겪다 보니 경험치가 생겨 어떤 일이건 더 조심하게 된다. 사기를 당하더라도 사기당할 돈은 따로 빼놓을 것이다. 가정은 피해를 보면 안 되지 않은가. 내 회사의 회복탄력성도 중요하지 않은가.

본부장으로 남을 사람,
사장으로 올라갈 사람

  내가 사장의 자리에서 일하다 보니 어떤 사람이 사장감이고 어떤 사람이 본부장감인지가 잘 보인다. 더불어 내가 사장감으로 뭐가 부족한지, 어떤 장점을 가지고 있는지도 잘 보였다. 사장으로 올라갈수록 관리해야 할 사람이 많아진다. 그리고 그 사람들이 사장인 자신한테 요구하는 것도 많아진다. 그걸 감당할 수 있는 사람이 사장감이고, 그걸 회피하려는 사람은 계속 직원으로 남을 사람이다. 사업을 하다 보면 수많은 클레임에 화가 나고 짜증이 날 때가 있다. 그런 상황에 멘탈이 붕괴되지 않고 잘 대응해야 제대로 된 사장이다. 사장은 그걸 해결할 수 있는 역량을 가지고 있어야 한다. 그리고 직원들의 요구사항도 적절하게 대응하고 해결해 주어야 한다. 팀원이 3명만 되어도 요구사항이 엄청 많아진다. 직원 중에는 요구사항이 늘 많은 직원이 있고 묵묵히 자기 일만 하는 직원도 있다. 요구사항이 많다고 단점은 아니지만 그런 사람들이 회사를 더 옮겨 다닌다. 영업사원은 계속 뽑아 줘야 한다, 그래야 기존 직원들도 긴장하고 내가 더 열심히 교육도 할 수 있다.

내가 사장이 될 자질이 있는 사람인지 그렇지 않은 사람인지를 구분하는 몇 가지 포인트가 있다. 첫째는 위험을 감수할 능력이 있는지를 체크해야 한다. 내가 감당할 수 있는 정도의 위험인지를 측정할 수 있어야 한다. 그걸 측정하지 않고 위험에 뛰어드는 것이 더 위험하다. 그리고 포기하고 내려놓아야 할 것은 내려놓아야 한다. 내가 못 받을 돈 소송을 내려놓았듯이 말이다. 어떤 사장은 자신이 하루에 1달러만 가지고도 살 수 있는지를 직접 체험해 보았다고 한다. 수 개월간 하루 1달러의 삶을 직접 살았다. 그는 이렇게 사는 삶이 죽을 만큼 어려운 게 아니라는 확신이 들고 나서 과감하게 사업에 뛰어들었다고 한다. 사장은 그래야 하는 게 맞다. 분양 사업은 수익 사업이다. 그런데 참 많은 위험이 도사린다. 그래서 하이 리스크, 하이 리턴High Risk, High Return이라고 말한다. 그런데 이 위험을 감수하는 자만이 수익을 얻을 수 있다. 사장은 위험을 감수할 수 있는 사람이어야 한다. 그걸 감수하지 못한다면 평생 직원의 삶을 살아야 한다. 사장은 위험을 측정하여 관리하고 수익을 취하는 사람이다. 위험을 만났을 때 무조건 피하려는 사람은 진정으로 자기가 원하는 것을 얻을 수 없다.

두 번째 사장의 자질은 내가 좋은 의도를 갖고 일을 행하더라도 전혀 다른 결과가 돌아올 수 있음을 예측하는 사람이다. 사람이 살다 보면 선한 의도가 왜곡되고 오해받는 경우가 생긴다. 그럴 때 감정적으로 대처하지 말고 무덤덤하게 그 상황을 지나가도록 해야 한다. 감정적으로 그 오해를 풀려고 하면 더 꼬이는 경우가 많다. 분양 사업 쪽 일을 하다 보면 성격이 급하고 욱하는 사람을 많이 만난다. 그들에게 똑같이 감정을 세워서 대응하면 안 된다. 내 속이 잠깐 썩어 문드러지지만 그게 내 안에서 잘 발효되어 나를 쑥쑥 키우도록 내버려 두는 지혜가 필요하다.

사장의 세 번째 자질은 칭찬과 비난이 한 몸이라는 사실을 받아들이는 것이다. 내 노력을 알아주지 않는다고 칭얼거려서는 안 된다. 내가 칭찬을 덜 받더라도 직원들은 칭찬 거리를 만들어서라도 칭찬해 줘야 한다. 사장은 칭찬과 비난 앞에 담대해야 한다. 결국 칭찬도 지나가고 비난도 지나간다. 남는 것은 성과이고 사람이다.

사장의 네 번째 자질은 우리 주변에서 흔히 벌어지는 오류에서 나온다. 직원 중에 이런 말을 하는 사람이 있을 것이다. "사장님, 큰일 났어요. 김 부장이 안 보입니다." 이 직원의 가장 큰 오류가 무엇일까. 사실과 의견을 혼동하고 있다는 것이다. 좋은 사장감은 이런 직원을 구분하고 제거해야 한다. 큰일이 났다는 건 그 직원의 의견이지 사실이 아니다. 직원이 사장에게 보고할 때는 팩트가 중요하다. 사장감이라면 의견에 휘둘리지 말고 팩트를 직시해야 한다. 팩트대로 얘기한다면 직원이 오류를 범한 앞의 말은 "사장님, 김 부장이 오늘 출근하지 않았습니다."로 바꾸어야 한다. 내가 사장 자질이 있는지 파악할 마지막 포인트는 숫자의 이면, 통계의 이면을 볼 줄 아는가이다. 숫자나 통계는 그럴듯한 팩트이지만 그것만 믿는다면 더 큰 것을 못 보는 오류를 범하게 된다. 나무만 보다가 숲을 놓치는 셈이다. 분양 사업은 숫자와 통계에 포위되어 있는 비즈니스 영역이다. 그래서 이 분야의 사업을 제대로 하려면 보이는 것 이외의 것을 보는 눈이 필요한 것이다. 나는 이 다섯 가지 자질을 대표가 되고 나서야 알게 되었다. 그 전부터 가지고 있던 게 있었고 많이 부족한 것도 있었다. 나는 지금 이 독수리 오 형제를 거느리며 살고 있다.

전화로 사람을 관리하는 방법

나는 사람을 대할 때 진심과 성의가 가장 중요하다고 본다. 내가 그 사람에게 너무 빼 먹을 것만 생각하는 게 아닌지 점검하며 사람을 대한다. 계산적인 사람은 절대 상대를 계산대로 움직일 수 없다. 자기 계산이 드러나면 상대는 나보다 더 계산적이게 된다. 특히 분양 관련 분야의 사람들은 계산, 특히 돈 계산은 엄청 빠르다. 자기에게 이득이 되는지 손해가 되는지도 동물적 감각으로 파악해 낸다. 빌라를 팔면서 어렴풋이 느꼈는데 자산을 팔고 본부장이 되면서 확신하게 되었다. 그리고 사기를 몇 번 당하니 나보다 더 계산적인 사람이 수두룩하다는 것도 알게 되었다.

우리는 흔히 전화로 비즈니스를 많이 한다. 엄청나게 진화한 전화의 기능 덕택에 어디를 가든 스마트폰 하나면 모든 일이 금세 해결된다. 카카오톡이면 간단한 문자는 물론 중요한 파일도 쉽게 주고받을 수 있다. 너무 편해지면 사람의 마음이 나른해지는 위험이 있다. 편하게 문자로 모든 걸 해결하면 된다고 생각한다. 아날로그의 진심은 사라지고 디지털의 편리만 추구하고 있다. 사람은 특히 내가 상대할 고객은 디지털적 사고로

대할 수 없다. 고객의 마음을 움직여야 하는 이 일을 기계적으로 처리한다는 게 말이 안 된다. 알파고 할아버지가 와도 사람이 할 일을 사람이 해야 한다. 분양 쪽 일은 사람의 마음을 움직여야 하는 사람의 일이다. 그래서 전화를 할 때도 문자보다는 내 목소리로 하나하나 진심을 다한다.

나를 아는 사람은 잘 알겠지만 내 문자는 단답형이다. 아주 짧다. 그러나 내 목소리는 길다. 사람의 목소리에는 문자가 담아낼 수 없는 마음이 흐른다. 나는 마음을 전하려고 전화기를 드는 것이지 무언가를 통지하려고 전화를 사용하지 않는다. 지금 비록 사장의 자리에 있지만 나는 무언가를 명령하는 사람이 아니라 무언가를 서비스하는 사람이라고 여전히 생각하고 있다. 서비스 업종에 있다 보니 서비스가 몸에 배어 있다. 그래서 어떨 때는 고객과 전화할 때 나도 모르게 고개를 숙이며 정중해진 내 자세에 놀라기도 한다. 그냥 몸이 그렇게 본능적으로 움직인다. 오랫동안 한 가지 일을 하다 보니 그 분야에서 나도 모르는 체질이 생겨 버린 것이다.

고객과 술을 먹고 헤어지면 반드시 전화를 해서 잘 들어가셨냐고 확인한다. 헤어지고 나서 바로 전화하고, 그다음 날 아침에도 전화한다. 그게 매너라고 생각한다. 그렇게 전화를 드리다 보니 고객분들이 나를 참 좋아한다. 신뢰가 쌓여 가니 나에게 마음을 터놓고 이야기도 잘 해 주신다. 평소에는 꾹꾹 담아 놓을 이야기도 편한 사이가 되다 보니 쉽게 이야기를 해 주신다. 남의 편이었던 사람이 시간이 지날수록 내 편이 되어 가는 느낌이 들 정도다. 나는 이렇게 내가 만나는 모든 사람에게 최선을 다하고 내 편이 되도록 노력한다. 그걸 문자가 아닌 내 마음이 담긴 목소리로 하고 있다. 단순한 것 같지만 직접 해 보니 큰 차이가 있다.

명함을 받으면 하나하나 다 핸드폰에 저장하고 그날의 분위기, 그 사람과의 인연 등을 메모한다. 나는 스마트폰의 편리함에 모든 걸 기대는 사람은 아니지만 내 기억의 한계도 인정하기에 수시로 메모도 많이 하는 편이다. 과거의 메모를 보면 가끔 나의 게으름과 오만을 반성하고 초심으로 돌아갈 때도 있다. 차에 현수막을 싣고 다니던 그 시절, 하루하루가 절박함이었던 그 시절의 아픔도 명함과 메모에서 떠오른다. 나는 가난했고 절박했다. 지금은 큰돈도 만지고 그 이상의 돈을 가진 고객을 상대하지만 살아가면서 내 출발점에 대해서는 잊지 않으려고 노력한다. 사실 모든 순간, 모든 일에 절박함으로 덤비지 않으면 안 된다. 아침에 눈을 떠서 내 몸을 관리하고, 내 가족을 관리하고, 직장에 출근해서 직원들을 관리하고, 고객들을 관리하는 모든 업무가 나에게는 다 절박함이다. 단 하나도 허투루 할 게 없다. 그래서 모든 일에 진심을 쏟으려고 노력한다. 이런 일은 누가 알아주느냐의 문제가 아니다. 인생을 대하는 내 삶의 자세에 관한 문제다. 누구에게 나처럼 하라고 명령하고 싶지도 않다. 명령한다고 따라 하지도 않을 것을 안다. 그래서 누군가를 고치려는 노력보다 나를 채찍질하는 데 더 힘을 쏟는다. 지금 이 글도 한 문장을 쓰고 한참을 생각하다도 지웠다가 다시 쓴다. 내 진심이 글에 느껴지지 않으면 글이 아니라는 생각이 들어 많이 고친다.

빚까지 내서 주식에 투자하는
걱정스러운 MZ세대

요즘 MZ세대의 투자가 관심이다. 밀레니엄과 Z세대를 합쳐 MZ세대라고 하는데 연령대로 보면 20대, 30대 정도일 것 같다. 이들은 '영끌(영혼까지 끌어모은 자금)'과 '빚투(빚내서 투자)'라는 신조어를 만들며 금융, 주식이 가장 가성비 높은 투자라 생각하며 빚낸 돈이 다 날아갈 위험이 눈에 보이는 데도 위험한 투자를 멈추지 않는다. 분양 사업을 하는 대표로서 나는 이들의 움직임이 심히 걱정스럽다. 월급을 10년 동안 모으는 것보다 주식이 한 방 터지는 게 더 가성비가 높을 수는 있다. 그러나 과연 100명 중에 몇 명이나 그 한 방을 잡을 수 있을까.

나도 한때 빚이 많은 사람이었다. 한번 빚에 빠져들면 헤어 나오기가 힘들다. 그런데 청춘들이 불나방처럼 빚의 불 속으로 온 몸을 던지고 있는 게 안타깝다. 1년 후의 암울한 미래가 눈에 보이는데 왜 다들 그렇게 무모할까. 내 아들이 그랬다면 엄청 뜯어말렸을 것이다. 한번 빚이 생기면 빚을 얻을 때보다 열 배의 영끌로 돈을 벌어야 한다. 그 후사를 생각하지 않고 빚부터 지는 태도, 그리고 그 빚으로 모험을 한다는 게 나는 너무 위험해 보인다. 그래서 나는 이들의 위험한 투자 현상을 조금이라도 도와주고 싶은 의욕이 생긴다. 금융이 아닌 내가 취급하는 부동산 쪽으로 말이다.

솔직히 주식은 기업에 대한 엄밀한 분석이 있지 않는 한 약간 투기성 투자의 성향이 짙다. 단타로 치고 빠지는 것도 썩 좋아 보이지 않는다. 나는 원래 복권을 사지 않는다. 그런 운에 기대며 살고 싶지 않기 때문이다. 그저 내가 흘린 땀이 보상으로 돌아오는 걸 좋아한다. 땀의 가치를 소중히 하는 사람이 바로 나, 형국진이다. 주식은 왠지 복권 같은 느낌이 든다. 속된 말로 돈 놓고 돈 먹기 같다. 물론 부동산도 돈이 투입되어야 수익을 올릴 수 있지만 사전 준비 단계부터 주식과는 다르다. 1억짜리 오피스텔 하나를 사더라도 신용이 있어야 하고, 계획이 철저해야 하며, 뚜렷한 목표를 가지고 있어야 한다.

보통 계획도 없고, 통장에 돈이 없는 사람들이 주식으로 향한다. 계획도 철저하고, 통장에 돈도 넉넉한 부자들이 가장 많이 모여 있는 곳은 네트워크 마케팅이다. 서로서로 인맥으로 이어져 각자의 정보를 공유하고 조금 더 효율성 높은 투자를 진행한다. 요행을 바라는 투자가 아니라 확률이 높은 투자를 한다. 우리 청춘들도 불나방 같은 투자가 아닌 이런 투자를 배워야 한다. 큰돈이 아닌 자기가 가진 돈으로, 자기가 가진 인맥으로 적중률이 높은 투자를 해야 한다. 하이 리스크 하이 리턴은 맞는 말이다. 하지만 청춘이 하이 리스크에 너무 목숨을 걸면 안 된다.

부자들이 가장 많이 몰려 있는 업종이 다단계와 부동산 쪽이다. 부동산은 모험보다 안정적 투자에 가깝다. 분석만 정확하면 이보다 안정적인 투자는 없다. 그리고 이미 선배들의 사례가 차고 넘친다. 그래서 나는 주식의 위험성보다 부동산의 안전성을 권한다. 예금금리는 추락의 끝이 보이지 않는다. 0%를 돌파하여 마이너스까지 멈추지 않는다. 은행을 믿고 목돈을 불리기는 사실상 어려운 시대다. 부자들은 이미 이런 흐름을 10년 전부터 서로 공유하고 있다. 서민들은 이런 정보에서 소외되어 있다. 그래서 가난의 굴레에서 빨리 벗어날 수가 없다. 나는 힘들게 살아본 사람이라 가난이 참 싫다. 그래서 더더욱 부자들의 돈 버는 방법에 집중했다. 그들과 같이 어울리며 그들의 정보력과 감각을 익혔다. 그러면서 그들이 의외로 알뜰하고 보수적이라는 걸 알게 되었다. 부자들은 흥청망청이 없다. 오히려 없는 사람들이 돈을 많이 쓴다. 그러다 보니 부자는 계속 부자의 길을 가게 되고 가난한 사람들은 더 가난해지는 것 같다.

끝없는 하향세다. 0%대 초저금리 기조가 이어지는 가운데 목돈을 불리기는커녕 생활자금마저 빌리기 어려워지면서 서민들의 한숨도 깊어지고 있다. 요즘 젊은 세대들의 투자방법이 바뀌었다고는 하지만 빚을 내서 모험에 투자하는 건 솔직히 권하고 싶지 않은 게 내 심정이다.

대한민국 부동산 부자들의 공통점

월트 디즈니가 이런 말을 한다. "추구할 수 있는 용기가 있다면 우리의 꿈은 이루어질 수 있다." 우리는 우리의 꿈 앞에서 머뭇거릴 때가 많다. 당장 실행으로 옮겼을 때 얻어지는 게 많은데 실행으로 옮길 용기가 없어서 그 많은 행운을 그냥 흘러보낸다. 그러나 내가 만난 수많은 부자는 그 행운이 그냥 흘러가도록 내버려 두지 않는다. 언제 움직여야 하는지를 잘 알고 그 결정 앞에서 머뭇거리지 않는다. 그동안 내 곁에는 참 많은 부자가 오고 갔다. 여전히 내 곁에 있는 사람들도 있고 내가 부주의해서 놓친 사람도 있다. 그렇게 나를 스쳐 간 부자들이 내게 준 교훈이 있다. 지금 그 교훈을 같이 나누고자 한다. 내가 가진 소중한 경험들을 같이 공유하고 나누는 것 역시 세상을 위한 기부행위라고 생각한다. 단 한 사람이라도 나의 경험치를 통해 멀리 돌아가지 않고 보다 빨리 꿈을 성취하거나 행복한 삶을 누리기를 바란다.

무일푼에서 시작해 명동에 건물 7개, 서초동에 건물 1개를 보유하며 수천억 원대 자산가로 거듭난 K 사장(65세)은 노력하지 않으면 기회가 온 줄도 모른다고 말하는 저축형 부자다. 그가 강조하는 부자의 공식은 월급의 50%를 저축하는 것이다. 지극히 평범하지만 그 원칙이 부의 원동력이다. 어린 시절부터 10원짜리 하나도 엄격하게 관리하는 법을 부모에게 배웠다는 H 사장은 워런 버핏의 투자원칙처럼 철저한 사전 조사를 통한 3, 4년간의 장기투자를 기본으로 생각한다. 이 부자들의 공통점 중 하나는 돈에 대한 관심보다 '일에 몰입하는 것', '부는 열심히 일한 결과로 따라오는 부산물'이라고 생각한다는 것이다. 이들은 은행에서 발생하는 수수료 100원도 아끼고, 단출한 사무실에서 검소하게 생활한다.

100억 이상의 현금을 가진 부자들의 공통점 열 가지는 다음과 같다. 첫째, 목표 의식이 뚜렷하다. 목표가 뚜렷하니 그 목표에 도달하는 속도도 빠르다. 지금 이 책을 읽는 당신의 목표는 어떠한가. 3년 안에 10억을 손에 쥐겠다는 뚜렷한 목표가 있는가. '에이 그게 되겠어?' 하고 쉽게 포기하는 사람은 아닌가. 두 번째는 돈이 무서운 줄 안다는 것이다. 그래서 돈을 막 쓰지 않는다. 오히려 적은 돈은 더 아끼고 큰돈은 과감하게 쓴다. 큰돈을 과감하게 쓴다는 건 돈이 일을 하게 한다는 것이다. 그게 투자다. 부자들의 세 번째 공통점은 티끌 모으면 태산이 된다는 진리를 알고 있다는 것이다. 적은 돈을 소중히 하는 두 번째와 일맥상통하는 이야기다.

네 번째는 늘 돈 공부를 열심히 한다는 것이다. 돈을 모르는데 어떻게 돈을 벌겠는가. 가난한 사람이 과연 부자만큼이나 돈 공부를 하고 있는 가. 분명 그렇지 않을 것이다. 그 차이가 아주 크다. 다섯 번째는 기회가 오면 절대 놓치지 않는다는 것이다. 여섯 번째는 섣부르게 차를 사지 않는다는 것이고 일곱 번째는 아내와 금슬이 좋다는 점이다. 의외라고 생각하는 사람이 많겠지만 내가 겪어본 바로는 사실이다. 부자들의 아홉 번째 공통점은 절대 빚내서 투자하지 않는다. 수중에 여윳돈이 있을 때만 투자한다. 마지막 공통점은 자녀교육에 엄격하다는 점이다. 나는 부자들의 교육관에 많은 걸 배웠다. 그리고 그걸 우리 아이들에게도 적용하고 있다. 그중 하나가 우리 아이가 부자들의 아이들과 어울릴 수 있는 환경을 조성하는 것이다. 그래서 잠실로 이사 와서 좋은 친구를 사귀게 하고 있다.

 부자가 되기 위해서는 무엇이 필요할까. 열 가지 공통점만으로는 부족한 기본적 자질이 있다. 부자가 되기 위해서는 우선 자신을 객관적으로 평가하는 과정이 필요하다. 부자가 되지 못한 사람은 자신이 돈이 없어서 부자가 되지 못했다고 생각한다. 그러나 돈이 없어서라기보다는 관리를 못 했기 때문이 정확하다. 그리고 단순히 돈 관리의 기술적인 부분을 넘어 무언가 철학적인 부분까지 생각해야 한다. 우리나라 최고의 빌딩 임대전문가로 인정받는 강남의 김모 사장님은 부자가 되기 위한 조건으로 세 가지를 든다. 첫째는 어쩔 수 없는 일을 받아들이는 평온함이다. 둘째는 할 수 있는 일을 할 수 있는 용기다. 세 번째는 어쩔 수 없는 일과 할 수 있는 일을 구분할 수 있는 지혜다. 그런데 가만히 그의 조건을 살펴보면 그 세 가지 원칙 모두 긍정적인 에너지가 흐른다. 바로 이 점의 차이가 크다. 부자들의 에너지는 긍정적이다. 부자들은 누구를 탓하지 않고 자신의 탓으로 돌린다. 그리고 부자들에 대한 부정적인 생각을 걸러 내고 한편으로는 자신 속에 숨겨진 부자의 잠재력을 발굴하려고 노력한다.

흙수저는 흙수저만의 잘못된 생활습관과 생각이 있다. 그걸 전환해야 부자가 될 수 있다. 부자들을 돈만 생각하는 냉혈한이라고 생각하면 안 된다. 그들은 가난한 사람이 갖지 못한 긍정적인 자세와 좋은 습관, 좋은 교육이 뒷받침되어 있다. 나는 그 습관들을 옆에서 보고 배웠다. 그들이 보는 책을 따라 읽었고, 그들이 하는 공부를 똑같이 했다. 같이 어울리면서 그들의 말투와 몸짓도 따라 하려고 했다. 그랬더니 놀랍게도 얼마 지나지 않아 부자의 자리가 내 자리가 되었다. 내가 그랬듯이 당신도 할 수 있다. 부자들의 습관 몇 가지만 따라 해 보자. 그러면 1년 후, 2년 후 당신의 인생은 분명히 달라져 있을 것이다.

나는 말을 많이 하기보다
많이 듣는 편이다

　분양 쪽 일을 하다 보면 말을 많이 하게 된다. 내 제품의 장점을 알리고 투자를 하도록 설득해야 하기에 당연히 말이 많아질 수밖에 없다. 그런데 본부장에서 사장이 되고 보니 무조건 말을 많이 한다고 설득이 되고 좋은 결과를 얻는 것은 아니라는 걸 깨달았다. 결국 고객이 가진 생각을 잘 들어야 그들이 원하는 것을 팔 수 있다. 무조건 내가 가진 것을 먼저 이야기하면 고객은 거부감을 가질 수 있다. 고객만 그런 것은 아니다. 직원들을 책임져야 할 사장의 자리에 서다 보니 직원들에게 내 이야기를 많이 하기보다 그들의 이야기를 많이 들어야 한다는 걸 알았다. 들어야 해결해 줄 수 있는 것이다. 내가 말을 많이 하면 상대는 자기 입을 닫고 듣기만 해야 한다. 그렇게 되면 원활한 소통, 원활한 커뮤니케이션이 될 수 없다.

　나의 돈 많은 고객들은 참 차분한 편이다. 많이 듣고 어떤 분은 메모도 한다. 그런데 그런 분들이 겸손하기까지 하다. 잘 듣는 분들은 자기가 원하는 걸 쉽게 손에 쥐는 것 같다. 나는 참 다양한 사람들과 인연을 맺고 산다. 그중에 말을 많이 하는 사람으로 기억나는 사람이 있다. 이 사람은 내가 본부장에서 사장으로 가게 되는 전환점을 준 사람이다. 나를 한 단계 업그레이드하도록 도와준 사람이었다. 어떻게 보면 참 고마운 사람인데 지금은 인연이 끊어졌다. 전략·전술도 뛰어나고 엄청나게 똑똑한 사람이었다. 나에게는 꽤 비중 있는 영향을 준 사람이라 책 뒤에 별도로 그와 얽힌 이야기를 털어놓을 것이다. 혈액형도 나와 같았고 내가 배울 게 많은 사람이라서 호감을 갖고 대했다. 일을 참 열심히 하는 사람이었는데 아침에 눈을 떠서 밤에 눈 감을 때까지 오로지 일만 했다. 나보다 더 일을 많이 하는 사람은 처음 봤다.

참 부지런한 사람이어서 나도 일찍 출근하는 사람인데 나보다 더 빨리 출근해서 일을 준비했다. 아침 6시에 만나 밤 9시까지 그와 이야기를 계속 나눈 적도 있었다. 이 사람이 듣는 것보다 말을 많이 하는 사람이었다. 정말 쉬지 않고 말을 했다. 가만히 있는 시간이 없었다. 계속 연구하고 계속 말을 했다. 일과 관련된 이야기를 심하게 말해서 목구멍에 뭐가 들어갈 때 빼고는 계속 말을 했다. 내 밑에서 일을 배우려고 자기 발로 직접 나를 찾아온 사람이었다. 나이도 나보다 많았다. 세상에 이렇게 말을 많이 하는 사람은 처음 본 것 같았다. 이 사람의 말을 듣자니 내 입이 저절로 닫혔다.

나에게는 일을 배우러 오는 사람이 많다. 첫 책을 내고 조금 알려져서 그런지 유명한 사람들도 나에게 와서 돈을 벌려고 한다. 나는 직원들에게도 늘 남 얘기를 많이 들으라고 한다. 청취가 자산이고 청취보다 좋은 게 없다고 말한다. 나는 경청을 참 잘 실천하는 사람 중에 하나다. 그런데 말 많은 그 사람과 지내면서 듣는 게 너무나 힘들었다. 하루에 12시간 정도를 듣는다고 생각해 보라. 그렇게 그 사람 말을 일 년 정도 들었던 것 같다. 그 사람과 8개월째 같이 지낼 때 하루는 내가 참다못해 이런 얘기를 했다. "팀장님, 나 팀장님 이야기 듣는 거 너무 힘들어요." 내가 아무리 잘 듣는 사람이라고 해도 하루 12시간 이상 듣는 건 고역이다. 처음에는 재밌는 말도 많이 하고, 솔깃한 정보도 주고 그래서 들었지만 시간이 지날수록 지쳐 갔다.

나이 들면 잘 삐치는 것 같다. 내가 그의 말을 듣기 힘들어하니 그 말 많은 사람은 입을 닫았다. 나는 그 말 많은 사람을 보면서 말을 많이 한다고 해서 말을 잘하는 게 아니라는 걸 알았다. 정말 말을 잘하는 사람은 많이 듣는다는 것도 알게 되었다. 보통 나이 많은 분들이나 사회적 지위가 높은 사람은 들으려 하기보다 자기 말을 먼저 하려고 한다. 그럴 경우 원활한 소통은 기대하기 힘들다. 말 잘하는 사람은 상대방의 말을 잘 듣고 호응을 잘하는 사람이다. 2시간 동안 내가 한 말은 별로 없고 그저 끄덕이고 맞장구만 쳐 주었는데도 상대방은 나를 말 잘하는 사람으로 기억한다. 극단적으로 말을 많이 하는 사람에게서 경청의 가치를 제대로 배운 셈이다. 내가 하지 말아야 할 길을 그 사람이 보여 주었다. 세상은 좋은 경우에만 선생이 있는 게 아니다. 나처럼 나쁜 선례도 내게는 스승이 될 수 있다는 걸 경험하게 해 준 사람이 바로 그 직원이었다.

2장

사장이 되고 나서
참 다양한 인연들이
나를 찾아왔다

그동안 내가 만난 고객들이 인연의 네트워크가 되었다. 내가 쓴 첫 책이 내게로 사람을 보내 줬다. 일을 배우러 온 사람도 있었고 단순히 돈을 벌려고 온 사람도 있었다. 그렇게 다양한 사람들이 내게로 와서 나를 더 큰 사람으로 만들어 주거나 나를 배신해서 사람을 못 믿게 만든 사람도 있었다. 나는 나를 찾아온 어떤 사람이든 내 인생의 스승이라고 생각한다. 좋은 사람이든 나쁜 사람이든 나는 분명 그들에게서 무언가는 반드시 배웠기 때문이다.

나를 성장시키고
나를 실망시킨 이 사람

　나에게 참 많은 사람이 왔다 갔지만 이 사람만큼 임팩트 있는 것 같지는 않다. 첫인상도 강렬했고 나갈 때도 잊을 수 없는 사건을 만들었다. 이 사람 이야기를 빼놓고는 나의 인연을 이야기할 수 없을 것 같아서 가장 먼저 시작해 본다. 물론 앞장에서 살짝 이야기한 사람이기는 해서 그렇게 낯설지는 않을 것이다. 1장에서도 이야기하고 2장에서도 이야기하고, 게다가 2장에서는 아주 여러 번 이야기할 이 사람은 소제목에 적어놓은 것처럼 나를 성장시켰지만 나를 가장 많이 실망시킨 사람이기도 하다. 일을 배우기 위해서 나에게 왔다가 참 여러 가지 일을 만들고 내 곁을 떠났다. 나에게 온 목적은 따로 있었던 것 같다. 내가 책에서 나의 어떤 인연을 이야기할 때는 이런 사람이 독자들에게도 경계가 되기를 바라는 마음이 클 것이다. 세상에는 비슷한 유형의 사람들이 많으니까.

　이 사람은 이름을 밝히기는 좀 그래서 Y라는 이니셜로 지칭하고자 한다. Y 씨는 내 첫 책이 출간된 2015년에 내 책을 보고 나서 나를 찾아왔다. 그때 나는 송파구 문정동에서 지식산업센터를 분양하고 있을 때였다. 그때 내 직책은 본부장이었지만 직원은 내가 직접 뽑았다. 직원을 뽑을 때 기준은 학력은 무관이고 나이는 38세 이하 남자로 한정을 지었다. 당시 문정동 개인 사무실에 직원이 한 20여 명 있었다. 평소에 나는 점심 식사를 빨리하고 식사 후 복싱을 한다. 글러브를 차고 운동을 하던 중 모르는 전화번호로 전화벨이 울렸다. 글러브를 풀고 전화를 받으니 채용공고를 보고 전화했다고 한다. 전화기 너머로 들리는 목소리는 아주 젊어 보였다. 나이를 물어보니 내 예상과는 다르게 나보다 나이가 많은 사람이었다. 그런데 말발이 워낙 좋아서 관심이 갔다. 공인중개사 자격증도 땄다고 하며 뭐라고 말을 많이 하는데 내일 아침 10시에 면접 보러 오라고 말하고 전화를 끊었다.

아침에 그 사람을 보니 김구 선생 안경을 쓰고 파마머리에 키도 크고 자세도 나름 괜찮았다. 목소리도 코맹맹이 소리가 나는데 나쁘지 않았다. 나는 영업할 때 그 사람의 습관을 중요하게 생각한다. 그냥 뻣뻣하게 얘기하는 사람보다 무언가 액션을 취하고 글을 쓰거나 그림을 그리면서 대화를 하는 사람을 좋아한다. 내가 그런 스타일이어서 그런지도 모른다. 그런데 면접을 보러 온 그 사람이 그런 스타일이었다. 면접이 시작되면서 나는 몇 가지 질문을 했다. "그동안 제일 오래 한 일이 어떤 건가요?", "혹시 책은 보시나요? 보신다면 1년에 몇 권 정도 읽으세요?" 기본적인 정보 외에 가능성이 있는지 판단하기 위한 나만의 질문을 던진다. 그런데 그 사람에게 단 하나의 질문도 못 했다. 10시에 면접을 보기 시작했는데 나는 질문도 못 하고 점심시간이 될 때까지 그 사람의 얘기만 듣고 있었다. 시간 가는 줄도 모르게 말을 잘했다. 사람을 홀렸다. 그런데 그렇게 많은 말을 하는데도 쓸데없는 얘기가 하나도 없었다. 다 내게 유익한 말이었고 심지어 재미까지 있었다. 그러니 빠져들 수밖에 없었다. 가방끈이 길어서 그런지 아주 효율적인 이야기들을 재미있게 했다. 원래 처음 만난 사람이나 면접 본 사람에게 그렇게 말 안 하는데 식사를 하고 가시라고 청했다. 사무실 옆 김치찌개 집에 가서 같이 밥을 먹으며 또 이야기를 나누었다. 그리고는 같이 일하고 싶다고 얘기했다.

  보통 사람들은 낯선 회사에 출근하면 사무실 분위기를 탐색하거나 자기가 뭘 해야 하는지를 묻는다. 그런데 이 사람은 그럴 필요가 없었다. 적응력 하나는 짱인 사람이었다. Y 씨는 입사한 첫해에 10개월을 일하며 1억이 넘는 수수료를 받아 갔다. 그 사람 덕분에 아침 6시에 파리바게뜨 카페가 문을 여는 걸 처음 알았다. 내가 보통 6시 40분 정도 사무실에 도착하는데 그 사람은 6시 10분부터 따뜻한 아메리카노를 마시면서 일할 준비를 하고 있었다. 참 성실한 사람이었고 쓴맛도 좀 봐서 세상의 이치를 아는 사람이었다. 학벌 자랑도 안 하고 배경 자랑도 안 하고 그저 자기 일에 필요한 것만 효율적으로 얻기 위해 사는 똑똑하고 장점이 많은 사람이었다. 나는 Y 씨에게 많은 걸 배웠다. 그 사람과 14개월이라는 짧은 시간을 같이 일하고 헤어졌다. 헤어진 이유를 들자면 여러 가지가 있지만 그 사람 욕심도 있고 내 책임도 있다고 본다. 누군가와 헤어지는 건 일방적인 이유는 없는 것이다. 그리고 중요한 건 우리 둘 사이에 헤어질 수밖에 없는 어떤 사건이 생겼다.

조직은 서로 겹치는 사람을 쓰면
안 되는 법인데…

Y 씨는 나를 본부장에서 조금 빠르게 사장으로 만든 사람이다. 그 사람이 직접적으로 무언가를 했다기보다는 그 사람의 영향을 받아 내가 조금 더 빠르고 쉽게 사장의 길에 들어섰다. 내가 사장이 되고 나서의 첫 현장에서 Y 씨는 나에게 버는 돈을 반반 나누자는 거침없는 제안을 했다. 좋게 봤던 사람이라 거절은 못 했지만 고민이 많이 되었다. 이 제안과 관련한 이야기는 뒤에서 조금 더 이야기하려고 한다. 결론적으로 말하면 그 제안 덕분에 그 사람이 나가게 되었지만 나에게 좋은 영향을 준 사람이라는 건 부인하지 않는다. Y 씨는 나를 사장이 되도록 엄청 부추긴 사람이다. 12시간 동안 붙어 있으면서 나에게 "당신 사장할 수 있어!"라고 쉴 새 없이 이야기해 주었다. 정말 되고 싶은 걸 자기 입으로 계속 얘기하면 실제 된다는 얘기도 있지만 옆에 있는 사람이 그렇게 얘기하면 그 영향이 더 큰 것 같다는 생각이 든다. 본부장에서 사장이 된다는 건 아무나 할 수 있는 게 아니다. 앞장에서 이야기한 것처럼 사장의 자질이 필요했다. 문정동에 있을 때 난 사장감으로 조금 부족했다.

그래서 사장이 될 기회에도 머뭇거렸는데 Y 씨 덕분에 추진력을 얻은 것이다. 그에게 난 좋은 쪽으로 세뇌당한 것이다.

세상일이라는 게 평탄한 길만 반복되지는 않는다. 나는 Y 씨와 평탄하게 오래 갈 거라고 생각했다. 그러나 늘 그렇듯 그게 아니라는 현실을 나는 조금 늦게 눈치챘다. 아마도 사람을 한 번 믿으면 진득하게 오래 믿는 내 성격도 한 몫 했을 것이다. 조직이라는 게 사람 한 명이 들어오고 나가는 것에 따라 분위기가 확 달라진다. 거기에 중복된 업무를 하는 사람이 들어오면 묘한 긴장감과 경쟁이 자연스럽게 조성된다. 어느 날 갑자기 군 복무 중에 내 아들군대 1년 후임에게 전화가 왔다.

"아버지, 오랜만이에요~!"

"어. 오, 오랜만이네~ 어쩐 일이야?"

"저, 아버지 일하는 데 한번 놀러 갈게요."

나는 사실 일 이외에는 사람을 잘 안 만난다. 고등학교 친구, 군대 모임도 잘 안 갖는다. 좋고 나쁨의 문제가 아니라 내 판단에 그저 배울 것도 없고 피곤하다는 생각이 들어서 그렇다. 그런데 이 친구가 내가 일하는 곳으로 온다는 것이다. 이 친구는 송유관 회사의 직원으로 일하고 있었다. 성균관대 학사, 석사를 졸업하고 회사에 바로 들어간 것 같았다.

그 아들 녀석도 이니셜로 J라고 칭하고자 한다. J는 아쉬울 게 없는 금수저다. 집도 번듯하게 반포에 살고, 누나도 치과의사랑 결혼해서 형편이 좋다. 회사도 송유관 회사가 공기업이라 괜찮다. 연봉도 많이 받고 나를 만나러 올 때도 BMW를 끌고 왔다. "너 외제차 몰고 다니네~ 회사에 그거 끌고 가도 괜찮아?" 하였더니 요즘은 괜찮다고 한다. 그런데 왜 나를 찾아왔을까. J를 보자마자 물었다.

"너, 여기는 어떻게 알았어?"

"누나가 문정동에 오피스텔 투자하려고 알아보다가 저보고 좀 괜찮은지 알아봐 달라고 해서 검색하다가 아버지가 여기서 일하는 걸 알고 연락하게 됐어요. 그래서 한번 구경하러 온 거고요."

내가 J의 이야기를 하는 건 우연히 전화가 와서 만난 후 공기업을 그만두고 내 밑에 와서 일하게 된 것과 같은 조직이 되면서 Y와 업무가 겹친 이야기를 하려는 것이다. 둘은 전술·전략도 그렇고 보직도 겹쳤다. 어찌하다 보니 공교롭게 같은 성향의 사람이 내 밑에서 일하게 되었다. 성향이 겹치는 사람 중 한 명을 써야 하는데 그걸 조절하지 못하고 둘을 다 쓰려고 하니 둘 다 나가 버리는 경우가 생겼다. 사람을 쓸 때는 그렇게 하면 안 된다는 걸 그 둘을 보고 배웠다.

J는 한 달 정도 내 앞에서 얼쩡거리고 얼굴을 비치더니 어느 날 나에게 이런 말을 한다. "아버지, 저 아버지한테 분양 일 좀 배우고 싶어요." 나는 말렸다. "야, 그냥 그 좋은 회사 다녀!" 원래 남자 나이 38세에서 42세 사이는 직장에 계속 남느냐 다른 일에 도전하느냐의 기로에 선다고 한다. J가 딱 그런 상황이었다. 나는 그 녀석을 보며 이런 말이 속에서 올라왔다. "야, 너같이 산 사람은 분양 일 하면 안 돼. 너 같이 산 사람이 어떻게 손님을 끌고 오고 분양 물건을 파냐?" 결국 그런 말을 직접 해

주지는 않았다. "정 일하고 싶으면 내가 다른 데 취업시켜 줄 테니 여기 있지 마." 그런데 J는 송유관 회사를 그만두고 한 달 쉬는 동안에 계속 나를 찾아왔다. 시간 날 때마다 계속 찾아왔다. 자꾸 들이대면서 아버지 랑 같이 일하겠다고 고집을 피웠다. Y는 문정동 사업 끝물에 왔고 J는 문정동에서 성수동으로 건너갈 시점에 왔다. 결국 J는 성수동 지식산업 센터에서 첫 분양 일을 하게 되었다. 둘이 잘 하는 일이 체계적으로 제 안서를 만드는 기획 쪽 일이었다. 누구 하나는 영업을 하고, 누구 하나 는 보조가 되어야 하는데 겹쳐도 제대로 겹쳤다.

사람은 퇴근 후에 무얼 하느냐에 따라 인생이 달라진다

나는 말을 많이 하는 사람보다 말을 잘하는 사람이 좋다. Y 씨를 만난 이후 그런 생각이 더 커졌다. 말을 많이 하는 게 매력이 아니다. 말을 적게 해도 효율적으로 하는 게 좋다. 그래서 소크라테스의 대화법이 좋다. 요즘 나훈아가 '테스 형'이라고 부르짖고 있지만 사실 오래전부터 나는 철학에 관심이 많았고 소크라테스 대화법을 직접 영업에 실천도 했다. 나는 조직 관리, 고객 관리를 위해 참 다양한 방법을 파고든다. 책도 읽고 강의도 듣는다. 마인드맵 프로그램도 사서 활용도 하고 있다. 최근에는 《세뇌》라는 책을 읽고 조직 관리에 적용할 방법을 찾는 중이다. 이런 시도, 저런 시도는 내가 살아 있다는 증거가 된다. 살아 있다는 건 무언가를 시도하는 것과 같다. 인생은 자꾸 시도해야 보다 발전할 수 있다. 나는 실패가 두려워 시도조차 하지 않는 사람을 싫어한다. 사실 우리가 시도하다가 실패한 것들은 우리에게 아주 영향력 있는 스승이 된다.

사람은 퇴근 후에 무얼 하느냐에 따라 그 사람의 인생이 달라진다. 그냥 흥청망청 노느냐 자신의 미래를 위해 투자하느냐에 따라 그 사람의 미래가 확 차이 난다. 나는 사람을 만나는 것이 일이다 보니 그 사람의 스타일을 연구한다. 그 사람의 스타일에 따라 대처하는 방식이 조금씩 달라진다. 그리고 그 방식이 조금 부족하다 싶으면 강의를 듣거나 관련된 책을 읽는다. 최근에 최진기 씨의 인문학 강의도 내게는 참 도움이 많이 되었다. 내가 일을 많이 하는 사람이라고는 하지만 주말만큼은 가족과 함께 시간을 보내려고 한다. 나에게 주말은 가족과 영화를 보거나 같이 밥을 먹는 소중한 시간이다.

어느 한 사람에 대해서 이야기하는 건 그 사람만의 이야기가 아니라 그 사람과 비슷한 유형의 사람을 이야기하는 것이라 생각한다. 이제 본격적으로 Y 씨 이야기를 통해 나의 사장 초보 시절의 이야기를 같이 해 보려 한다. Y 씨는 서강대 화학과를 나온 71년생으로 일을 참 열심히 하는 사람이다. 보통 사람들은 9시에 출근해서 6시까지 일을 한다. 나는 항상 집에서 6시에 나와서 9시에 퇴근한다. 하루 평균 13~15시간 일한다. 그런데 그는 아침 5시에 집에서 나와 밤 9시에 퇴근했다. 평균 15시간 정도 일하는 것 같았다. 나보다 더 부지런한 사람은 처음 봤다. Y 씨는 자신이 하는 일 이외에 부동산에 관심을 가지면서 공인중개사 자격증도 땄다. 나는 그렇게 자신을 위해 집중하고 투자하는 사람이 참 멋있다는 생각이 든다.

사람이 성공하는 태도 중에 그날 하루 무얼 하느냐에 따라 미래가 달려 있다고 생각하고 그 말을 직원에게도 자주 한다. 9시부터 6시는 누구나 다 똑같다. 그런데 한국 사람들은 6시만 되면 누구를 만나 소주 한 잔 먹고 인생 뭐 있냐면 윗사람들 뒷담화하기에 바쁘다. 술자리에 가서 이야기를 엿들어 보라. 대부분이 뒷담화 또는 연예인 이야기다. 사실 뒷담화만큼 재밌는 게 없다. 그러나 그거에 시간을 보내면 남는 게 없다.

언제까지 윗사람 욕만 하며 퇴근 후의 금쪽같은 시간을 보낼 것인가. 나는 누구 욕을 많이 하는 사람은 결국 여러 사람에게 욕을 들을 사람이라고 생각한다. 남 욕을 많이 하는 만큼 그 사람의 흠도 세상 사람에게 드러나는 법이다. 남을 욕하는 그 창을 자신에게 돌려서 스스로 반성하고 개발하는 게 좋다. 비록 내가 아직은 젊은 나이지만 조금 살아보니 시간이 금이라는 게 진리라는 걸 알게 되었다. 나는 그래서 틈나는 대로 책을 읽고, 틈나는 대로 강의를 들으며, 틈나는 대로 무언가를 한다. 사장인 내가 시간의 빈틈을 꽉꽉 채워서 쓰려고 하는데 직원들이 할 일 없이 스포츠 기사나 보고, 게임이나 즐기며 시간을 보내는 걸 보면 한숨이 저절로 나온다. '저렇게 시간을 보내면 큰돈 벌기 힘들 텐데….' 결국 자신의 모습을 자신이 보낸 시간의 결과인 것이다. 내가 만난 Y 씨도 시간의 빈틈을 채우며 참 열심히 사는 사람이지만 그의 장점이자 단점은 그 말에서 나온다. 말을 너무 잘하니 수다로 흐르고, 주제가 흐려지고, 일과 상관없는 정치 이야기나 하고, 남 욕만 하게 된다. 난 그 점이 참 싫다.

나는 사람을 연구하는 사람이다

내가 40대지만 사람들은 나를 약간 동안으로 본다. 나이 보다 두세 살 어리게 본다. 아마도 꾸준히 운동하고 관리를 해서 그럴 것이다. 사람을 만나는 게 일이다 보니 사람을 대하는 나의 모습도 관리가 필요하다. 그 사람의 첫인상을 그 사람의 책임이라고 본다. 자기 관리가 깔끔한 사람은 고객 관리도 깔끔하다. 자신에게 철저한 사람은 남에게도 철저하다. 그래서 그 사람의 첫인상을 보면 그 사람의 성품을 어느 정도는 알 수 있다.

내가 하는 일이 사람 상대하는 일이라서 그런지 몰라도 나는 사람을 연구한다. 사물을 보면서 뭔가 깊이 있게 관찰하고 생각하는 것이 성리학인 것처럼 나도 워낙 큰 통찰을 얻기 위해서 관심을 갖고 사람을 보고 그 사람의 스타일을 본다. 그런데 내가 만난 Y라는 사람은 나를 만나기 전부터 나에 대해서 연구를 많이 한 사람처럼 보였다. 아마도 그 점이 끌렸던 것 같다. 나보다 더 나를 잘 아는 사람을 만나면 누구나 그 사람의 매력에 끌릴 수밖에 없다. 처음 만날 때부터 그런 매력을 느꼈는데 같이 생활하면서 내 스타일을 완전히 파악해 버렸다. 내가 말하는 스타일, 내가 행동하는 스타일을 다 파악한 것이다. Y는 자기가 배워야 할 상대라고 생각하면 그 사람의 모든 것은 연구하고 흡수하는 스타일 같았다.

　나는 Y 씨의 그런 스타일을 내 것으로 만들고자 했다. 나름 괜찮은 자세인 것 같았기 때문이다. 잘 나가는 사람을 공략하려면 바로 Y 씨 같은 스타일로 공략을 해야 한다. 결국 세상의 모든 일은 사람의 마음을 움직이는 일인데 Y 씨처럼만 하면 못할 게 없어 보였다. 나는 아침 6시에 집에서 나오고 이런 내 아침형 스타일을 파악해서 나보다 먼저 사무실에 나온 사람이 바로 Y다. 대략 밤 8시나 9시쯤 퇴근한다. 나름 가정적인 편이라 웬만하면 10시를 넘기지 않으려고 한다. 그걸 지키려고 밖에서 술도 잘 안 마신다. 술을 마시고 싶으면 집에 와서 마신다. 아내는 술을 거의 못하는 편이라 나 혼자 마시고 아내는 그저 옆에서 안주만 먹는다. 금, 토, 일은 애들하고 영화를 본다. 나는 가족들하고 영화를 보는 그 시간을 좋아한다. 이게 내 대략적인 생활 패턴이다. 이걸 꿰차고 있는 게 바로 Y 씨다.

　나는 아침에 따뜻한 아메리카노를 마시는 습관이 있다. 사무실 1층에 파리바게트가 있어서 아침 6시에 출근을 하면 거기서 모닝커피 한잔을 시켜서 마신다. Y 씨는 나보다 먼저 와서 아메리카노를 마신다. 사실 이쪽 일을 하려면 일머리가 있어야 한다. Y 씨처럼 실패를 많이 한 사람은 그 일머리를 캐치하는 능력이 뛰어나다. 세상일이라는 게 거의 비슷하다. 분양 일을 하든 책을 쓰든 패턴은 거의 똑같다. 결국은 자세의 문제라고 생각한다. 가만히 앉아 있으면 누가 와서 알려 주지 않는다. 자기가 찾아서 해야 한다. Y 씨는 가만히 있는 법이 없다. 워낙 실패를 많이 한 사람이어서 그런지 능동적으로 일을 잘 찾아서 한다. 나는 그런 점 또한 너무 마음에 들었다.

　Y 씨는 공인중개사 자격증을 따고 부동산을 해 보겠다고 덤볐다. 그 전에는 보험회사를 운영하다가 망했고 PC방 사업도 말아 먹었다고 한다. 이것저것 참 많은 일을 한 사람이다. 나는 최진기의 인문학 강의를 좋아한다. 그 사람 강의는 거의 다 본 것 같다. 그 강의를 보면 세상을 보는 깊이 있는 통찰력을 얻을 수 있다. 내가 모르는 세상의 이치를 그런 강의를 통해 채우려고 한다. 나는 돈맛을 본 사람이다. 돈이 좋은 걸 아는 사람이다. 좋은 차와 좋은 집을 소유하고 좋은 것들을 먹다 보니 이런 생활에 익숙해져 간다. 자본주의 세계에서 어떻게 살아가야 하는지를 어느 정도 터득한 것이다. 그러다 보니 이념에 빠져 있는 정치의 세계는 왠지 마음이 가지 않는다. 지역갈등, 세대갈등, 빈부갈등에 고의로 빠져들고 싶지 않다. 우리나라 부자들을 보면 정치 얘기를 잘 안 한다. 한마디씩 하기는 하지만 깊이 있게 파고들지는 않는다. 나는 사람을 연구하는 사람이기도 하지만 부자들을 연구하는 사람이다. 그들이 내 공략대상이기에 Y 씨처럼 적극적으로 파고들고 연구한다. 그들은 연구하며 자본주의의 생명력을 키워 가고 있는 것이다. 잘살려면 잘사는 사람을 연구하는 것이 당연한 것이니까.

영업 포인트도 잘 알고,
전단지도 잘 만들고

내가 공략할 타깃을 알고 덤비는 것과 그냥 덤비는 것과는 결과의 차이가 엄청나다. 이제부터는 Y씨가 내 밑에서 본격적으로 일을 하면서 겪은 이야기들이다. 그의 일 스타일을 보고 나도 배운 이야기들이다. Y씨는 문정동에서 두 달 정도 일하다가 여성 한 분의 면접을 의뢰하였다. 일을 잘한다고 하면서…. Y 씨 보조 일을 하려고 온 여성분이었다. 내가 면접을 보고 채용하기는 했는데 Y 씨가 워낙 일꾼이다 보니 그를 믿고 뽑았다.

문정동에서 성수동 사업으로 건너갈 때였다. 그 여성분을 보조로 두고 Y 씨를 팀장으로 승진시켰다. 그리고 본격적으로 필드에 나가 영업을 하면서 일을 같이했다. 성수동에는 지식산업센터가 많다. 한 40개 정도가 있는데 아침 7시쯤 한 바퀴를 돈다. 그리고 특정 건물 지하 1층에 가 있으면 각 회사의 대표들이 주차를 하러 들어온다. 낮에 대표를 만나러 가면 어려움이 있기 때문에 사장이 출근할 시간 즈음에 맞춰 지하주차장에서 기다리는 것이다. 아침 일찍 가야 출근하는 사장님들을 조금 쉽게 만날 수 있다. 9시까지 2시간 정도 승강기 앞에서 서 있으면 대표들을 만난다. 어디서 어떻게 서 있어야 우리의 타깃을 제대로 만날 수 있는지 Y 씨는 정확히 알고 있었다. 타깃의 동선 포인트를 정확히 짚고 있었다. 그렇게 둘이서 지식산업센터 대표를 만나면서 전단지 영업을 했다.

Y 씨는 디자인 프로그램도 잘 만졌다. "이런 것도 하세요?"라고 물으니 "예전에 인테리어 사업도 했었잖아." 하면서 웃으셨다. 전단지도 잘 만들며 하이라이트 문구도 잘 넣었다. 프로그램을 다루며 문구도 직접 쓰고 디자인도 자기가 알아서 넣었다. 남들은 디자인 업체에 일을 맡기는데 Y 씨는 자기가 직접 다 알아서 만들었다. 타깃 공략 전략 키워드가 참 좋았다. Y 씨로 인해 우리 하는 일이 한 단계 도약했다고 보면 된다. 보통 한계를 딛고 올라가는데 시간이 많이 걸린다. 책도 많이 봐야 하고 사람도 경험해 봐야 한다. 나는 그 사람 옆에서 계속 세뇌를 했다. 이렇게 해야 한다, 저렇게 해야 한다고 주입했는데 Y 씨는 흡수가 빨랐다. 그리고 활동력으로 이어졌다. Y 씨는 예전 기업들을 상대로 보험회사를 운영했다. 그때 사용한 기업정보 프로그램이 있었다. 그것은 유료로 정보를 확인할 수 있는 크래탑이라는 앱이었다. 크래탑은 3년 이상 된 기업의 민낯을 볼 수 있다. CEO인지, 월급 사장인지, 지분은 어떻게 나누어져 있는지 한눈에 알 수 있다. 보험 사업을 할 때 그걸 써먹었던 것 같았다. 그 프로그램으로 기업을 조사하고, 타깃을 조준해서 찾아간 것이다.

둘이서 같이 현수막을 붙이러 돌아다니기도 했다. 아침에 돌리고 그다음 날은 낮에 나와서 족자 현수막을 돌렸다. 전봇대에 막 붙이며 돌아다녔다. 현수막을 붙이고 돌아다닐 때는 내가 사장이 아닌 본부장으로 일할 때였다. 어느 날 Y 씨가 성동구의 거물급 회장님을 찾아가자고 했다. 성수동 뚝섬역 근처에 있는 금빛 건물이었다. 그 건물은 프로야구 이승엽 선수의 소유 건물로 알고 있다. 거기서 큰 사업을 하는 회장님을 만났다. 그 회장님에게 명함을 들이밀면서 영업을 했다. 그리고 그 회장님께 추가로 연락을 드리기 위해 회장님의 명함을 반드시 받았다. 그리고는 다른 기업 또는 그 회장님과 관련이 있는 회사를 찾아다니면서 모 회장님 소개로 왔다고 하면서 또 다른 사장들을 만났다. 맨땅에 영업하는 것보다 훨씬 효과적이었다. 그런 일머리를 Y 씨는 가지고 있었다. 나에게는 아주 큰 도움이 되었다. 이게 포스트 해킹 기업인데 국회에 들어가도 상임위원장을 만나 아무런 일 안 하고 명함만 받아 온다. 그리고 그분의 조직을 찾아가 상임위원장 소개로 만나러 왔다고 하면 거부감 없이 만날 수 있다. 참 기발하지 않은가.

이런 영업을 타깃 영업이라고 한다. 한 사람을 찾아가 인사하고 그 사람 라인을 위에서 내리꽂는 영업방식이다. 상대의 윗사람 명함을 받아서 그걸로 파고든다. 그렇게 해서 Y 씨는 입사하고 나서 1억을 벌었다. 들어온 지 1년 만에 1억을 번 것이다. 들어온 지 얼마 안 된 사람이 그렇게 하는 건 절대 쉬운 일이 아니다. 이쪽 분양업계를 보면 10명이 분양 일을 하러 와서 9.5명이 그만두는 곳이다. 이탈이 꿍징히 심한 곳이고 대부분 자기 맡은 물건을 잘 못 판다. 쉽게 들어오지만 오래 못 가고 살아남는 사람이 거의 없다. 1억을 벌었다는 건 엄청 팔았다는 얘기다. 10명 중에 0.5명이 살아남는다는 얘기고 대부분 6개월에서 1년 안에 그만둔다.

설명만 잘하는 사람,
판매를 잘하는 사람

Y 씨는 거의 베테랑 수준으로 일을 했다. 나는 그 사람의 오너인데 그 사람의 영업을 서비스해 주러 움직였다. 지원사격을 한 것이다. 내 성격 중 하나는 특별하게 생색을 안 낸다는 것이다. 아마도 마음이 약해서 그럴 수도 있다. 약한 자에게 눈이 많이 가고 눈물도 많이 흘리는 편이다. 영업을 하면서도 운 적이 있다. 나는 Y 씨를 도와주려고 했다. 내가 할 수 있는 건 시간을 내주거나 말 몇 마디를 해 주는 것 말고는 없었다. 마음이 가는 사람이고 밑에 사람이다 보니 측은지심이 생겼다.

원래 내 속에는 측은지심이 좀 있다. 그래서 사람들에게 그런 마음을 들켜 이용을 많이 당했다. 대표가 되고 나서는 대표들의 공통점을 많이 알게 되었다. 아랫사람들을 보면 다들 어렵고 힘들다. 그 모습을 자꾸 들여다보면 안쓰러워지고 그러다 보면 도와줄 수밖에 없다. 그래서 아랫사람들을 잘 안 만나게 되고 주로 대표들끼리만 만나게 된다. 대표들이 대표들끼리 어울리는 이유 중에 하나가 바로 이 측은지심 때문일 것이다.

힘든 사람들을 만나면 마음에 약해지기 때문에 그런 마음이 안 드는 대표들을 만난다. 회사를 나가 지하철을 타면 그들은 누군가의 아빠이고 엄마일 것이다. 그런 그들을 보면 인간적인 동정이 안 생길 수가 없다.

2016년 어느 날 성수동에서 ○○은행 현금인출기를 주력으로 제조하는 회사의 대표를 만났다. 그 회사는 인천에 큰 공장이 2개 있었고 성수동에는 본사 사무실이 있었다. 성수동은 기업체가 많은 준공업 지역이다. 대표님을 만나 몇 번 찾아뵙고 친해지면서 투자를 권유했다. "대표님 성수동 유지신데 큰 거 하나 투자하셔야지요." 그러면서 내가 분양하고 있는 지식산업센터 한 층을 통째로 사라고 권유했다. 가격은 70억 대 중반 정도 되었다. K 씨는 평당 1,000만 원이 넘는데 너무 비싼 것 같다고 결정을 미뤘다. 1차 미팅 후 2차 미팅을 가는데 Y 씨가 화질 좋은 지식산업센터 조감도로 그 회사 상호를 넣고 액자를 만들었다. 우리가 분양하는 건물이 마치 그 회사의 건물인 것처럼 이미지를 만들었다. 빌딩을 통째로 산 것 같은 느낌이 들도록 전략을 짠 것이다. 건물값의 10%도 안 되는 금액으로 그 건물을 다 산 것처럼 아이디어를 냈다. 그리고 그게 통했다.

Y 씨는 어떻게 해야 사람을 설득하는지 잘 아는 사람이었다. 순간적으로 머리가 잘 돌아갔다. 나도 많이 알려줬지만 내가 알려준 것 이상으로 배워간 사람이다. 영업에는 두 가지 유형이 있다. 설명만 하는 사람과 판매만 하는 사람이다. 설명만 하는 사람은 판매로 잘 이어지지 않는

다. 설명만 주구장창 할 뿐이지 정작 계약으로는 이어지지 않는다. Y 씨는 어떤 사람이었을까? Y 씨는 설명만 하는 사람이었다. 워낙 말을 잘했기에 설명도 잘했다. 그러나 계약을 이끌어 내지는 못했다. 결국 내 힘이 필요했다. 우리 둘은 나름 환상의 투톱이었다.

사실 Y 씨를 옆에서 보면 시원할 때도 있었고 답답할 때도 있었다. Y 씨는 어떤 상품을 포장하고 조미료를 첨가해서 아주 재밌게 이야기를 한다. 듣는 사람이 너무 좋아하고 자연스럽게 빨려 든다. 그 모습을 보니 나도 기쁘고 더 재밌게 얘기하고 싶어진다. 그게 참 즐거웠다. 그런데 가만히 생각하니 우리가 지금 뭐 하러 왔는가 하는 현실감각이 돌아온다. '이런 젠장, 돈을 벌러 왔으면 팔아야 할 것 아냐.' 상대의 주머니에서 돈을 퍼내야지 말만 번지르르하면 뭐 하는가. "쓸데없는 소리 말고 당신 얼마 있어? 이걸 사면 얼마 이득이니 지금 돈 넣어요!" 이게 내 스타일이다. 둘은 성향이 전혀 달랐다. 그러니 투톱이 맞을 수 있다. Y 씨가 설명하는 스타일을 옆에서 보면서 나도 많이 배웠다. 그런 스타일로 성수동에서 많이 팔았다.

K 씨에게 팔았던 현장 바로 앞에 새로운 현장이 있었다. 우리가 판 것은 SK였고 새로운 현장은 현대였다. 현장이 열리면 분양사, 광고사 등 조직이 갖춰진다. 그 현장을 조사하다가 시행사를 찾아냈다. Y 씨와 그 시행사를 직접 찾아갔다. Y 씨가 찾아가자고 먼저 얘기했다. 세상에는 길을 아는 사람이 있고 길을 걸어가는 사람이 있다. Y 씨는 길을 걷는

사람이었다. 게다가 길을 알고 걸어가는 사람이었다. 길을 알고 걷는 것과 모르고 걷는 것은 엄청난 차이다. Y 씨는 일을 하면서 일머리를 깨우쳤고 그 머리로 새로운 길을 걸어갔다. 그런 모습을 보면 나보다 더 좋은 것 같았다. 나도 길을 알고 그 길을 걸어가는 스타일이지만 나는 일단 문을 열고 들어가는 스타일이다. 근데 그 사람은 문을 열기 전부터 그 문에 있는 사람들을 분석하고 들어갔다.

나는 사장이 된 이후로 웬만한 일은 직원을 시킨다. 직원에게 일을 시키고 직원이 영업하게 한다. Y 씨는 직원이었지만 일하는 방식이 너무 마음에 들었다. 나는 그 사람이 좋았다. 그래서 편애하는 느낌이 들 정도로 둘이 붙어 다녔다. 아마 서운하게 생각한 직원도 많았을 것이다. 그러나 사무실에 나와 맨날 잡담하는 직원을 보면 아무래도 Y 씨에게 마음이 더 갈 수밖에 없었다.

열심히 상담 중인 직원들 |

분양사 대표가 자기 밑으로
들어오라고 한다

Y 씨와 성수동의 새로운 현장을 찾아갔다. 시행사 대표의 이름이 이 모 씨였다. 나보다 한 살 어린 사람이었다. 사무실에 강남 논현동에 있었다. 찾아갔더니 자기네들은 분양사도 정해졌는데 왜 찾아왔냐고 했다. 그거랑 상관없이 제안 드릴 게 있다고 했다. Y 씨가 말발이 있지만 내가 먼저 이야기를 했다. "지금 대표님께서 사업하시는 건물 옆에 지식산업센터 분양을 거의 마무리했습니다. 지금 여기 현장에 추가로 분양대행사를 하나 더 쓰신다면 저희가 300억 원가량의 분양 물량에 계약금을 꽂아 놓고 들어가겠습니다." 300억 원이라면 계약금만 30억 원이 있어야 한다. 솔깃한 제안이었다. 당연히 잡을 수밖에 없었을 것이다.

시행사는 어떻게 하든 팔아야 마진이 남는다. 건물 외형이 1000억이라면 시행사 마진을 10%로 잡았을 때 100억이다. 100억은 좋은 거 다 팔고 남아 있는 물량의 마진이다. 남아 있는 물량은 주로 안 좋은 게 남아 있을 수밖에 없다. 소위 말해 미분양 물건들이 숙제다. 이걸 빨리 털어야 수익을 손에 쥘 수 있다. 분양 사업이라는 게 외형만 그럴듯하지 빛 좋은 개살구일 수도 있다. 수익은 금융에서 먼저 가져가고, 시공사, 설계 이런 순서로 나간다. 시행사는 마지막에 파는 걸로 마진을 챙기는 구조다. 결국 미분양이 마진인 것이다. 90% 팔아서 대박 났다고 해도 남은 10%가 마진이라 시행사는 피가 마른다.

나는 이쪽 분야에서 일을 하면서 쌓은 경험을 책으로 썼다. 그게 나름 효과가 있긴 했다. 기존의 분양대행사 입장에서는 박힌 돌의 심기를 건드리는 굴러온 돌일 것이다. 아마 기분이 상당히 나빴을 것이다. 자기들이 혼자 다 먹을 일을 나눠 먹어야 하는 상황이니 당연했을 것이다. 며칠 후에 나에게 전화가 왔다. "안녕하세요, 성수동 현대 ○○ 현장 분양대행사 누구입니다. 며칠 전 시행사 대표님 만났다고 연락이 왔습니다. 우리한테 먼저 전화를 해야지 왜 시행사에 전화를 했어요? 거기다가 내가 대행을 따로 받아 놓은 상태인데…." 그러면서 자기랑 만나자고 했다. 그래서 만났더니 자기 밑으로 들어오라고 한다. 자기가 딴 사업이니 자기 밑으로 들어와서 일하라는 거다. 단칼에 거절했다. 사실 이 일에 덤벼들 때는 안 해도 그만이라는 생각으로 도전했다. 내 제안을 시행사에 받아들이면 좋고, 아니어도 아쉬울 게 없었다. 그런 상황에서 기존 분양대행사의 직원으로 들어갈 이유가 없었다. 당시 내 나이도 서른아홉이어서 공격적이고 혈기왕성할 때였다.

조금이라도 돈을 벌면 같이 어깨동무하고 술 먹고 놀면 되는데 그때는 그게 안 되었다. 너 죽고 나 살자는 경쟁심리가 강했다. 결국 그 사업에서 밀려났다. 기존 분양대행사와 시행사와의 관계는 깊이 박힌 돌 같아 굴러가는 돌이 박힌 돌을 뺄 수 없는 상황이었다. 광고대행사도 이미 다 세팅된 상황이었다. 이해관계가 서로 얽히고설켜서 우리 쪽 제안을 도저히 받아들일 상황이 안 되었다. 그래서 상가 쪽 분양을 진행했다. 그런데 이것 역시 계약까지 거의 갔다가 결국에 못 하게 되었다. 지식산업센터도, 상가도 못 했다. 중요한 것은 시행사에 직접 다가가서 우리의 제안을 내밀고 공격적 영업을 해보았다는 점이다.

시행사 대표와 만나서 비즈니스적 대화를 해 본 게 그때가 처음이었다. 다 Y 씨 덕분이었다. 두 번째 만난 시행사 대표 김 모 씨는 분양시장에서 전설적인 분이었다. 전단지부터 시작해 지금은 매출 1조가 넘는 사업을 진행 중이다. 분양을 하다 시행을 해서 그런지 시행과 분양을 모두 같이 하고 있다. 어렵게 가산동에서 미팅을 하게 되었다. "우리 분야에서 성공하신 대표님을 만나서 영광스럽습니다."라고 하면서 내 소개를 간단하게 했다. 그분이 분양을 하다가 자기 돈을 모아서 첫 시행을 한 것이 구파발 옆 삼송이라는 곳이며, 삼송테크노밸리에서 첫 시행으로 성공하고 하남에서 연면적 8만 평 지산을 시행 중이었다. 나는 그곳의 분양권을 달라고 제안했다. 지금 현재 두 개의 대행사로 복수 대행사로 세팅이 되어 있다고 했다. 그래서 제안을 했다. 저에게 추가로 대행을 주신다면 원하시는 만큼 찍고 들어가겠다고 말이다. "아, 그래요?" 얼마큼 찍고 얼마큼 수수료 및 조건을 이야기하며 그날의 미팅이 끝났다. "그럼 기존 분양대행사와 미팅 후 답을 주겠습니다."

또 다른 시작,
그런데 3억 5천을 날리고

어느 날 전화 한 통이 왔다. "혹시 분양의 신 저자이신지요?" "네, 맞습니다." "형 대표님, 혹시 지식산업센터 분양 좀 맡아 주실 수 있습니까?" 다른 곳에서 내 책을 보고 연락을 한 것이다. 나는 지금 다른 분양 현장을 하고 있지만 그 당시는 지식산업센터만 분양을 하던 때였다. 어디냐고 물으니 경상남도 진주라고 했다. 거기 혁신도시 쪽에서 지식산업센터를 분양하는 것이다. 나는 지방이라고는 할머니가 계신 시골 말고는 가본 적이 별로 없었다. 내가 내려가기는 그렇고 해서 당신들이 서울에 올라올 수 없냐고 했더니 전화한 사람이 얼마 후 서울로 찾아왔다.

그 사람들을 Y 씨와 같이 만났다. 진주혁신도시에 두 번째로 설립된 지식산업센터였다. 첫 번째 지식산업센터가 뭐냐고 물으니 흥한건설의 윙스타워라고 했다. 흥한건설은 진주 토착 기업이었다. 첫 번째 지식산업센터다 보니 1년 만에 완판을 했다. 진주에서 올라온 시행사 대표는 나이가 어려 보이길래 연배를 물어보니 나이는 나보다 한 살 많았다. 진주혁신도시에서 대단지 신규아파트 상대로 커튼을 제조, 생산 및 디자인을 했다. 말수가 좋고 인상도 좋았다. 그리고 머리까지 좋았다. 구경하는 집을 세팅 후 커튼을 팔아 돈을 조금 벌었다. 통장에 돈이 조금 쌓이니 돈이 쓰고 싶어 몸이 근질근질했던 모양이다. '가장 적은 돈으로 가장 큰돈을 벌 수 있는 게 시행 사업 아닌가.'라고 생각 후 혁신도시 내지원 시설 부지에 응모했다. 얼마 후 좋은 소식인지 나쁜 소식인지 당첨이 되고 말았다.

당첨이 되고 주위 사람들은 넌 이제 대박이라고 이야기했다. 그는 커튼 사업은 제쳐 두고 부동산에 들어가 부동산 쪽 공부를 하기 시작했다. 시행에 관한 전반적인 건 학습과 고민을 많이 했던 기억이 난다. 그는 생각했을 것이다. 이 땅을 수십억의 프리미엄을 받고 전매를 할까, 아니면 해보지도 않은 시행을 직접 해 수백억을 벌 것인가. 그는 후자를 택했다. 듣도 보도 못한, 단 한 번의 경험도 없이 아마추어들의 말만 듣고 후자를 선택했다.

책을 통해 나를 알게 되었고, 전화가 와서 서울에서 만나 인연이 되었다. 그게 좋은 인연인지 나쁜 인연인지는 그 당시로는 감을 잡을 수가 없었다. 그 땅은 계약금만 지불한 상태였다. 땅값이 대략 30억이었으니 계약금 3억으로 그 땅을 계약했다. 지방이다 보니 토지가격이 저렴했다. 땅이 생기고 막 시행을 위한 공부를 하다 보니 커튼 사업이 제대로 될 수가 없었다. 시행 사업에 손을 댄 순간부터 그 잘나가던 커튼 사업이 내리막길을 걸었다. 커튼을 팔아서 번 돈은 전부 계약금으로 들어간 상태였다. 기껏 벌어서 토지대금의 계약금으로 밑천이 다 들어간 것이다. 월세 내는 것도 빠듯하고 술값도 없는 상황이었다. 이 사람이 책을 보고 나를 만나러 올라온 것이다.

우리가 받는 분양 수수료는 서울의 경우 한 4%대다. 회사가 받는 수수료가 그 정도다. 직원들이 받는 수수료는 1.8~2.5% 정도 내려간다. 회사는 대략 1.5~2% 정도 가져가는데 그게 다 회사를 운영하는 경비 및 수익금이다. 진주는 지방이고 서울에 비해 지출도 많기에 수수료를 6% 정도 달라고 요청을 했다. 시행사는 조건을 달더니 공탁금 조로 2억을 요청하였다. 그러면 수수료는 7%를 주겠다고 했다. 직원들과 상의 후 시장조사를 했다. 그리고 진주혁신도시 지식산업센터를 계약하게 되었다. 분양대행계약과 동시에 2억을 쏴 주었다. 리스크가 있는 줄을 전혀 몰랐다. 분양만 하다가 처음 대행을 하니 뭐 알았겠는가. 돈이 된다고 보고 투자를 했는데 공탁금도 못 받고 수수료도 못 받을 줄이야.

진주혁신도시 분양대행을 계약 후 일주일도 안 되어서 하남지식산업센터에서 연락이 왔다. 내부적으로 승인이 나서 그때 그 조건으로 분양대행계약을 하자고. 분양대행사로서의 경험이 부족한 때라 얼마 전 지방 현장을 계약하는 바람에 못 할 것 같다고 정중히 거절했다. "미리 얘기해 주셨으면 저희가 내부적으로 결과를 조금 더 일찍 말해 드릴 수 있었는데."라고 하시면서 아쉬워하셨다. 시행사에서 요구하는 공탁금이 문제다. 공탁금은 대부분 시행사에서 자금이 부족하기에 요구하는 돈이다. 공탁금이 있는 현장은 될 수 있으면 가지 말아라. 공탁금을 넣고 사업이 순조롭게 가는 현장은 대체적으로 적다. 공탁금 2억을 받아 간 지 한 달 후 또 돈을 빌려 달라고 하는 것이다. 나로서는 매몰 비용이 들어갔으며 사업도 진행되고 있던 터라 안 줄 수가 없었다. 1억 그리고 얼마 후 5천 해서 전체 3억 5천만 원이 들어갔다. 땅을 구매한 시행사에서는 한결같은 생각을 하는 것 같다.

내가 산 땅이
세상에서 제일 좋아!

　진주의 그 시행사 대표는 의도적으로 사기를 치려고 한 사람은 아니었다. 사람은 좋은 사람이었다. 책 보고 나를 찾아온 사람이었는데 일이 잘 안 풀렸을 뿐이었다. 시행능력이 많이 부족한 것도 있었을 것이다. 무엇보다 시행일을 알려준 멘토였던 사람이 사기 경향이 짙었던 기억이 난다. 우리 사업지의 전체 외형이 600억이었는데 시행 마진을 세전 250억을 잡았다. 수익률도 40%가 넘었다. 통상 수익률은 10~15% 정도 잡아야 이상적인 사업이다. 고객도 좋고 사업 시행자도 좋고. 시행사 사무실 대표의 책상에는 요트 카탈로그, 벤츠 S500 및 마이바흐 카탈로그가 보였다. 이미 250억을 번 것처럼 행동하고 형 대표 사업 마무리하면 목동에 아파트 하나 사 줄게, 또 뭐 해 줄게 하면서 각서도 쓰고 서명도 해 주었다.

　시행사 대표의 시행일을 알려준 멘토 덕분에 우리 사업지가 시작도 하기 전 김천 혁신도시에 미분양된 지원 시설 부지를 또 계약했다. 그러면서 그들은 잔치 속에서 헤어 나오질 못했다. "우린 이제 부자야!"라고 외치며 하루하루를 보냈다. 우리가 진주에 간 지 8개월이 지나 사업이_{분양} 시작되었다. 8개월 동안 소득도 없이 지방 생활을 하면서 많이 지쳤으며 직원들도 절반 정도 떠난 상태였다. 시행사가 자금력도 시행 경험도 없으니 사업이 제대로 갈 일이 없다.

오픈 후 2개월 정도 분양을 하면서 30% 조금 안 되게 분양계약을 했다 그러면서 나는 계속 현장이 열리면 상환하기로 한 공탁금의 상환을 요청했다. 공탁금은 갚지 않고 시행사 쪽에선 분양률을 올리라고 계속 요구하고 나는 돈 갚으라고 요구하고 서로 자기 말만 하는데 일이 잘될 리가 있나. 그때부터 사이가 조금씩 멀어지기 시작했다.

처음 하는 지방 생활에서 생각처럼 분양이 잘되었으면 좋았겠지만 그렇지 않았기에 우리는 힘들었고 많이 지쳐 있었다. 1차 수수료를 제외한 2차 수수료와 3차 수수료가 지연되면서 직원들 월급도 제때 주지도 못 하는 힘든 나날을 보내고 있었다. 신탁사 담당 직원, 시행사 대표, 시공사 담당 직원이 모여 대책회의를 열었다. 결론은 이대로 가면 죽도 밥도 안 되니 대행사를 교체하자고 제안했다. 나는 공탁금 및 수수료를 주면 우리 짐을 모두 빼겠다고 했다. 모 신탁사 담당자가 우선 들어올 대행사가 있으니 짐부터 빼면 우리 쪽에서 공탁금 1억 원과 수수료를 주겠다고 했다. 신탁사 담당이 했던 말이라 믿고 그렇게 했다. 신탁사 직원은 자기 회사를 방어한다고 이 핑계 저 핑계를 대며 약속을 이행하지 않았고 법정에서 만났다. 결국 공탁금과 2차, 3차 수수료를 한 푼도 받지 못했다.

진주에서의 1년, 이후 소송 기간 1년 반 정도를 거치면서 많은 것을 배웠다고 생각한다. 2년 넘게 힘든 나날을 보내면서 나로 인해 힘들었을 사람들도 있을 것이다. 나에게 조금 일찍 이런 "시련"을 준 하늘에 감사한다. '내가 지금이 아닌 조금 더 나이 먹고 이런 일이 생겼다면 지금처럼 다시 일어설 수 있었을까? 이렇게 힘든데.'라며 회상하곤 한다.

나는 결혼한 이후 단 한 번도 외박을 한 적이 없는 사람이었다. 아내한테 이 문제를 솔직히 얘기했다. "이 사업 해도 되겠어?" 아내는 장모님한테 의논했고 장모님은 용한 점쟁이에게 물어보고 괜찮은 답을 얻었다. 사람이 판단과 결정에 대한 자신감이 떨어지면 점쟁이의 말에도 마음이 기울게 되는거 같다. 그러그러한 과정을 거쳐 집안에서는 OK가 났다. 지방인데 뭐 어떻게 되겠어 하는 안이한 생각을 했다. 내가 머뭇거리니 Y 씨가 진주에 혼자 다녀온 모양이었다. 그러더니 마치 사막에서 오아시스를 본 것처럼 설명했다. 지방이 노다지다, 대박이다, 기회가 왔다, 놓치면 안 된다. 이렇게 입에 침을 튀겨가며 설명을 했다. 말 그대로 홀딱 반하고 온 것이다. Y 씨 다음으로 회사에 들어온 군대 후임인 J도 그 시점에 진주에 보냈다. J는 Y 씨와 따로 보냈다. 임진왜란 때 일본에 사신을 두 명 보내듯이 나도 정확한 정보를 얻기 위해 그 둘을 따로 보냈다. 당시 둘 사이가 친하지 않은 것도 이유 중 하나였다. 그런데 사실 두 명 다 분양 업무 쪽에서 초짜들이었다. 실질적으로 일한 기간이 1

년도 안 된 아마추어들이니 귀가 얇을 수밖에 없었다.

　첫 분양대행이었으며 사장이 된 시점이었다. 계약서를 찍고 시행사 대표를 만나러 갈 때 Y 씨와 같이 갔다. 그 시행사 대표 윤 모 씨를 함께 만났다. 원래는 포항 사람인데 결혼하면서 진주로 이사해서 정착한 사람이었다. 진주의 그 사업을 계약할 시점에 우리 분양업계의 신화 같은 존재인 하남에서 전화가 와서 계약하자고 했다. 참 고민이 되는 순간이었다. 그때는 내가 열정만 있고 참 순진할 때였다. 솔직히 순진하고 분양대행의 직접적인 경험이 없었다. "사실 저, 지방 사업장 하나를 계약했는데 하나에만 집중하는 성향이다 보니 현장 두 개는 못 할 것 같습니다." 지금은 한 개 사업장만 하지 않고 4~5개 이상을 굴리지만, 그때는 뭘 몰라서 그랬던 것 같다. 그저 하나만 해야 하는 줄 알았던 것이다. 그래서 못 하겠다고 하고 그 좋은 사업 라인을 놓치고 말았다.

　어쨌든 내가 두 개를 동시에 분양할 능력이 안 되던 시점이었다. 그래서 더욱 진주에 집중했다. 직원들에게도 "이번에 첫 대행으로 진주혁신도시 대박 현장 하나 계약을 했다."라고 말하며 나랑 함께할 직원을 선출했다. 그렇게 해서 한 20명의 직원이 진주로 출장을 가게 되었다. 결혼 후 한 번도 안 해 본 외박을 하기 시작한 것이다. 숙소도 미리 다 잡아 놓았다. 수수료는 시행사가 약속한 수수료로 계약을 했고, 직원들에게 내려갈 수수료 또한 정해 놓았다.

수익을 반반 나누자는
Y 씨와 헤어지다

진주 사업을 시작하는 그 시점에 J가 등장한다. 분양을 배우고 싶어서 졸졸 따라다니던 그 녀석을 채용하기로 했다. 송유관 회사를 그만두고 다른 회사를 알아보는 한 달 동안 회사 회식할 때도 찾아오고 거의 내가 일하는 곳으로 출근 도장을 찍었다. 나랑 같이 일하고 싶다고 간절하게 매달려서 성수동에서 함께 일하게 되었다. Y 씨처럼 전단지도 자기가 만들고 기획서도 직접 PPT 작업을 다 했다. Y 씨가 하는 일과 겹쳤는데 원래 자기가 하던 일이 그런 일이었다. 송유관 회사에서 그런 일을 했었다. 혼자서 의욕을 가지고 다 만들었다. 물론 실력도 출중했다.

J는 집안도 잘 살았다. 처남 형님이 치과의사였다. 차도 포르쉐를 끌고 왔다. 이 친구는 제안서를 굉장히 잘 만들었다. 아마도 대기업에만 있어서 그런 것 같았다. 성균관대 경영학과 석사까지 학위를 따고 송유관 회사에서 과장까지 있다가 나왔으니 그럴 법도 했다. 기본적으로 할 줄 아는 게 좀 있었다. J가 제안서 만드는 걸 보면서 Y 씨는 짜증이 몰려왔다.

오너는 한 명인데 군대 아들이라고 어디서 갑자기 굴러온 J 씨만 챙기고, 또 그놈 하는 일이 자기 하는 일과 겹치는 자기가 걸림돌이 되는 건 아닌가 생각했을 것이다. 자기도 일 배우려고 여기 들어왔는데 J라는 놈 때문에 시간도 뺏기니 자기가 원하는 걸 얻을 수 없었다.

J는 운전도 잘해서 지방도 많이 다녔다. 송유관 공사 하면서 지방도 많이 다녀서 체질인 것 같았다. Y 씨도 지방을 많이 다녔는데 둘이 길도 잘 알고 모텔 생활도 많이 했다. 둘 다 활동적인 사람들이었다. 나는 둘을 떨어뜨려 놓으려고 따로 가서 보고를 각각 하라고 했더니 서로 좋다고 피드백을 해 주었다. J는 돈을 빌려주고 이자 받는 일도 좋아했다. 사채 쪽 사람들도 알고 있었으며, 금융 쪽에도 아는 사람들이 좀 있었다. Y 씨와 J는 같이 일을 하면서도 서로 말을 많이 하거나 친한 사이도 아니었다.

Y 씨는 진주 사업에 일조를 한 사람이다 보니 수익도 자기와 반반 나누자고 제안했다. 그 사업장에 한해서는 자기가 역할이 많다고 생각을 한 것이다. 나는 그의 이 얘기에 엄청 고민에 빠졌다. 이 고민을 풀려고 J를 불렀다. "형이 고민이 하나 있는데….” J에게 솔직하게 다 얘기했다. 정말 난 그때까지만 해도 엄청 순진했다. 처음으로 사장이 되니 시행착오가 많았다. 당연한 얘기지만 J는 그 사람이 아닌 것 같다고 했다. "저 사람은 저 나이에 어디 갈 데가 없어요. 저 사람을 누가 쓰겠어요.” 결코 좋게 얘기할 수 없었을 것이다. 그걸 뻔히 알면서 J에게 고민을 털어

놓은 내가 멍청한 것이었다.

결국 Y 씨를 만나서 그의 제안을 받아들일 수 없다고 했다. 그는 그 현장만 그렇게 하자고 했다. 고민해서 얘기한 거라 더 그렇다. Y 씨도 내 성향을 잘 알고 있었다. 며칠간 고민하고 내린 결정이었다. 그래서 Y도 내 뜻을 따르기로 했다. 나는 직원들 6~7명을 Y 씨 밑으로 보내서 한 팀을 만들어 줬다. Y 씨의 제안을 받아 주지 않고 지금처럼 팀장 대우로 마무리한 게 서운했는지 진주에 먼저 가서 자리 좀 잡아 놓겠다고 한다. 사업은 10월에 시작되니 9월에 직원들 데리고 진주로 내려갔다. 내려가서는 시행사 사장과 종종 만나 자리를 한 모양이었다. 어느 날 시행사 사장이 나에게 이야기한다. Y 씨가 형 대표 뒷얘기를 많이 하며, 여기 현장은 본인이 직접 하면 안 되느냐 제안했다고 한다. 나를 제치고 단독으로 딜을 한 것이다. 이 얘기를 Y 씨에게 직접 들은 게 아니고 시행사 사장에게 들었다. 나를 욕하면서 자기랑 계약하자고 했단다. 근데 문제는 그 시행사 사장이 나를 좋아했다. Y 씨는 그걸 간과했다. 그럼에도 우리는 10월 사업이 시작할 시점까지도 계속 같이 일을 했다.

나는 10월에 나머지 직원들을 다 데리고 진주로 내려갔다. 빌라 한 동을 다 얻어서 직원들 숙소로 활용했다. 그런데 Y 씨 밑으로 넣어 준 직원이 전단지를 뿌리다가 어떤 건물주를 알게 되었다. 그 건물주가 자기 건물을 좀 팔아달라고 한 모양이다. Y 씨가 건물주를 직접 만나 이런저런 이야기를 하며 그 건물 1층에 부동산을 내서 단독으로 맡아서 팔아

주면 어떠냐고 제안을 한 것이다. 공인중개사 자격증이 있으니 그렇게 할 만도 했다. 물론 나하고 일절 상의도 없이 그렇게 했다. 우리 일도 하고 부동산 일도 하면서 투잡을 뛰었다. 나는 도저히 Y 씨와 같이 일할 수 없다고 생각했다. 성수동에서 일할 당시 Y 씨가 타고 다니던 기존 차량의 리스 기간이 만기가 되어 차를 한 대 리스를 해 주었다. 그때 카니발을 타고 싶다 하여 카니발로 리스를 해 주었다. 일을 잘하니까 앞으로도 일을 더 잘해 달라는 의미였다. 그런데 그와 헤어지게 되면서 차를 반납하라고 했다. 그렇게 차를 반납받으면서 참 임팩트 강했던 Y 씨와 헤어지게 되었다. 그렇게 진주 사업을 오픈하기 전에 우리 둘 사이의 관계는 끝이 났다.

어느 날 J가 나에게 이야기한다. "대표님, 진주에서 분양 힘듭니다. 몇 달 영업해 보니 부동산 반응도 그렇고 고객 반응도 그렇고 어려울 듯합니다. 우리 동탄으로 가죠. 제가 동탄에 괜찮은 현장 하나 물색해 놨습니다."라고 이야기를 시작했다. 이야기를 한참 듣고 난 후 난 이곳에서 계약이란 걸 체결했으며 내가 지금 해야 할 일은 정해져 있으니 힘들면 혼자 가서 하라고 이야기했다. 그 후 J 또한 서울로 갔다. 어느 날 분리수거함에서 또 다른 직원이 담배를 피우다 우리 현장 판촉물을 본 것이다. 조사해보니 J가 통째로 버리고 간 것이다. J가 직접 시안을 짜고 어렵게 만든, 우리가 함께 쓰는 지도 전단이었는데 그걸 다 버리고 간 것이다. 사람 마음은 참 알 수가 없는 것 같다.

내 인생 가장 힘든
소송전에 돌입하다

오픈하기 전까지 허송세월을 보낼 수 없어서 그해 1월에 나는 가장 많은 영업을 했다. 그런데 어느 날 갑자기 LH 단장이라는 사람에게서 전화가 왔다. LH 단장은 쉽게 말해서 지점장이다. 경남 지역의 한 구역 지점장. 그 지점장에게서 전화가 왔는데 우리 사업장 옆에 우리 사업장의 2배만 한 땅이 있다고 했다. 그 땅을 자기 지인이 분양받았으며 현재 또 LH 본사 앞 상업 시설에서 시행하고 있었다. 1층은 상가고 2, 3, 4층이 사무실인데 하나도 못 팔고 있다고 했다. 그걸 나에게 부탁하는 전화였다. 우선 시행사 대표 윤 모 씨에게 이야기를 하고 승인을 받고 일하기로 했다. 분양을 하다 잘 안 된 현장이다 보니 기존 조건보다 조금 좋은 조건으로 분양을 시작하여 약 3개월 만에 완판을 했다. 진주 사업장 오픈 전에 그 일이 들어온 게 나름 운이 좋았다. 그 사업으로 경비와 생활비 등을 보탤 수 있었다.

LH 단장은 우리가 영업을 하면서 뿌린 광고를 보고 전화한 것이다. 나는 그때 Y 씨랑 같이 있으면서 혁신도시에 있는 빈 땅을 다 찾아내고 그 주인들을 대부분 찾아가 미팅을 했다. 영업을 그렇게 했다. 진주 사업장은 6월에 오픈했다. 그리고 내가 일한 돈, 내가 투자한 돈을 받기 위한 소송은 10월부터 했다. 6월 1일부터 6월 30일까지 일한 수수료는 7월에 받는다. 그 한 달 치를 익월에 받는데 3억 정도 받았다. 7월에 일한 건 8월에 받아야 하고, 8월에 일한 건 9월에 받는다. 그렇게 8월, 9월에 받아야 할 수수료를 한 푼도 못 받았다. 7월에 판 것, 8월에 판 것에 대한 수수료가 한 푼도 안 나왔다. 나는 그 당시 일을 조금 느긋하게 하고 있었다.

어느 날 시행사 대표가 자기 친형을 불렀다. 친형을 프러포즈한 건 자기가 하고 있는 시행 업무를 함께 하기 위함이었다. 그 형이라는 사람의 성격은 조금 급하고 다혈질이었다. 동생인 시행사 대표의 첫 소개부터 우리 형은 IQ가 160이 넘는 천재라고 소개를 했다. 대학도 경북대를 졸업했으며 공부도 잘하고 똑똑하다고 칭찬을 많이 했다. 몇 달만 공부하면 이번 공인중개사 시험도 바로 합격할 것이라고 확신까지 했다. 중년에 자기가 똑똑하다고 생각하면서 예술적으로도 감각이 좋다는 사람이 참 불행하다는 말이 있다. 그도 그럴 것이 시행일을 배운지 며칠 안 돼서부터 나를 가르치고 지시하기 시작한 것이다. 자만과 오만이 가득 차 있으며 사람을 흩어 놓는 사주의 기운이 있었다. 내가 진주 사업을 접은 것도 그 형의 역할이 큰 거 같다. 어떤 자리에서 어떤 이야기를 하건 왕노릇을 하려는 기질이 있다. 항상 가르치려고 하고 지시하려고 한다.

현장이 오픈하면 빌려 간 대여금은 모두 상환하기로 하여 대여금 달라고 요청을 했다. 그때가 8월이었다. 내 돈이 3억 5천 들어갔고 그걸 받아야 하는 시기가 지났을 때였다. 3억 5천은 오픈이 되면 상환하기로 약속을 한 돈이었다. 근데 그 돈을 안 주고 있었다. 시행사 대표에게 돈 달라고 요청을 했다. 언제 몇 시에 사무실로 오라고 하여 약속 날짜에 사무실에 방문했다. 나이도 지긋이 드시고 삭발에 중절모를 쓴 처음 보는 사람이 함께 있었다. 정당하게 받을 돈을 달라고 하는데 양아치를 부른 것이다. 결국 한다는 소리는 조금 더 기다려 달라는 이야기였다.

중절모를 쓴 양아치가 나에게 와서 자기 얘기 좀 들어보라고 한다. 나는 "작년에 빌려준 대여금 달라고 하는데 무슨 이야기가 필요합니까?"라고 대꾸하며 돈이나 빨리 만들어 달라고 했다. 그리고 "당신이 뭘 안다고 중간에 끼어들어서 이야기하려고 하십니까?" 하며 소리를 쳤다. 나는 표정을 짓지 않으면 누군가를 압도하는 인상을 가졌다. 만약 인상을 쓰고 눈을 부릅뜨면 상대가 위협을 느끼기도 한다. 싸움을 걸면 싸움을 할 태세였다. 그 녀석들이 타협을 걸기에 나는 돈만 달라고 했다. 기다려라, 기다려라 해서 쌓인 감정이 많았다.

신탁사, 시행사, 시공사, 분양대행사 대책회의 이후 신탁사 직원이 말했다. 대여금 중 1억을 줄 테니 짐을 빼라고 했다. 일단 1억을 받고 나머지는 짐 빼고 나서 나중에 챙겨 주겠다고 했다. 사실 짐 빼고 나가면 그걸로 끝이다. 신탁사 직원이 그렇게 이야기해서 짐을 뺐는데 약속한

1억도 못 받았다. 그래서 소송을 걸었다. 일을 하고 돈을 못 받으니 소송을 걸 수밖에 없었다. 시행사에게는 대여한 돈을, 신탁사에게는 일한 수수료를 받아야 했는데 한 푼도 못 받았다. 시행사로부터 3억 5천만 원을 받아야 하는 소송과 신탁사로부터 수수료를 받아야 하는 소송 2건을 동시에 진행했다.

비싼 돈을 들여 변호사도 선임했다. 대략 5천만 원 정도 나갔다. 내가 영업을 오래 하다 보니 나름 윗사람들을 많이 만났다. 인맥 연줄로 서울대 나와서 진주에서 판사, 검사로 일하고 있는 사람들을 통해 변호사를 소개받는데 일을 너무 못했다. 소위 말해 지방 꼰대, 지방 촌놈이 다 되어 있어서 말도 잘 안 통하고 헛소리만 해댔다. 자기 할 일은 제대로 안 하고 뭐 무마했다고 추가 요금이나 달라고 하고, 자기가 지면 변호사 일을 그만하겠다고 큰소리까지 쳤다. 결국 아무 역할도 못 하고 수임료만 받아 갔다. 나는 이 소송을 치르면서 신탁사와 시행사에 대해 많은 학습을 하게 되었다. 이 당시에 한비자와 마키아벨리도 공부했다. 인간의 심리, 속성들을 현실 속에서 뼈에 사무치게 배웠다. 책의 이야기가 현실에 접목되니 더 팍팍 와 닿았다. 마키아벨리가 한 얘기가 이런 사람을 두고 하는 얘기구나 하는 깨우침을 바로 얻을 수 있었다. 한비자는 법가인데 사람을 다루는 법을 알게 되었다. 변호사들도 조용하게 다루면 안 된다는 걸 알았다. 세게 가고, 거칠게 해야지 말귀를 알아듣고 행동으로 옮긴다. 다 그런 건 아니지만 의외로 꽉 막힌 변호사들이 많았다. 그 일을 겪고 나서 변호사도, 법무사도 웬만하면 의지를 하지 않는다. 법무사는 그저 서류 관련한 일에 관해서만 도움을 받는 정도다.

영업사원에 두 가지 경우가 있다고 했듯이 변호사도 두 가지의 경우가 있다. 설명만 하는 변호사와 결론판매을 짓는 변호사가 있었다. "존경하는 판사님, 이건 아닙니다." 하면서 그럴듯하게 일하는 것 같지만 실질적으로는 설명만 하는 변호사가 있고, 진짜 판사를 제대로 설득하는 변호사가 있었다. 나는 판사를 설득할 줄 아는 변호사가 진짜 변호사라고 생각한다. 그런데 안타깝게도 진짜 변호사를 만나지 못했다. 돈 주고도 살 수 없는 그런 경험을 소송을 치르면서 하게 되었다. 변호사도 이름값을 하는 변호사를 쓰는 게 낫다. 좀 싸다 싶은 변호사들은 아무런 도움이 안 된다. 싸다는 건 일을 하면서 돈을 더 챙기려 한다는 걸 말한다. 소송 하나에만 국한한다면 참 가슴 아프고 힘든 일이지만 내가 알지 못하는 세계를 배울 수 있었다는 건 내 인생에 참 의미 있는 수확이었다고 본다.

이 기간의 경험이 40대, 50대 넘어가면서 큰 힘이 될 것이라는 생각도 든다. 짧게 압축해서 엄청난 학습을 했다. 누군가 10년의 기간에 배울 것들을 2년 안에 많이 배운 느낌이었다. 그리고 사람은 실패를 하지 않거나 사기를 당하지 않으면 성공을 할 수 없다는 것도 알게 되었다죽어봐야 저승 맛을 안다고 하지 않던가. 사람은 아픈 만큼 크는 것이다. 사기를 당하고 회사가 망하는 경험을 해 보니 그 전과 후가 완전히 달랐다. 돈 많이 번 사업가들이 공통으로 하는 얘기가 있다. 인생에서 한 3번은 쫄딱 망해 봐야 성공할 수가 있다고. 나는 그 이야기를 직접 겪어 보고 이해할 수 있게 되었다. 추락을 세 번 이상 겪으면 다시 치고 올라갈 수 있는 내공이 생긴다고 한다. 나는 이미 그런 내공을 내 속에 단단히 쌓은 것 같다. 실패와 사기가 나를 키웠다.

직원은 직원답게!
사장은 사장답게!

　나는 사업 초년시절 힘든 과정을 겪으면서 칭기즈 칸을 참 좋아했다. 칭기즈 칸의 그 리더십이 참 좋았다. 그런데 책과 현실은 달랐다. 사업하면서 많은 CEO를 만났다. 그들의 공통점을 발견했다. CEO도 요즘에는 전문경영인이 있고 즉, 월급쟁이 CEO 그리고 오너가 있다. 쉽게 말해서 우리나라 대통령은 월급쟁이 CEO고, 북한에 있는 김정은은 오너이다. CEO 관련 책을 보면 직원들하고 함께 식사도 하고 가족처럼 지낸다는 말을 하는데 그건 다 헛소리라는 걸 현실에서 알았다. 냉정하게 말해서 그렇게 한다면 회사가 돌아갈 수가 없다. 직원은 말 그대로 직원일 뿐이다. 며느리는 며느리일 뿐이지 절대 딸이 될 수 없는 것과 같다. 직원의 존재라는 것이 그렇다. 그래서 사장은 직원을 직원답게 대해야 한다.

　내가 만난 CEO들은 직원들을 대하는 게 달랐다. 난 그들에게 직원을 대하는 태도에 대해 참 많은 걸 배웠다. 나는 직원들에게 "너희들이 참아야지 회사가 돌아가는 거 아냐!!" 하면서 혼을 내곤 한다. 그런데 그

CEO 형님들은 아주 강하게 직원을 쥐어짰다. 직원들 입에서 "아, 씨발. 빨리 때려치워야지!"라는 말이 자연스럽게 튀어나올 정도로 쥐어짠다. 나보다 몇십 배, 몇백 배는 강하게 직원들을 대하는 것 같았다. 내가 너희들에게 돈을 주는 만큼 너희들도 나에게 그 정도는 해 주어야 한다는 마음인 것 같았다. 그게 현장 용어로는 객단가라고 한다. 내가 만약 직원에게 500만 원을 준다면 그 직원은 한 달에 2천만 원어치의 수익을 가져다주어야 한다. 연봉이 5천만 원이라면 5억 정도의 수익을 가져다주어야 하는 것이다. 회사에 매출을 올리도록 기여할 때까지 계속 쥐어짠다. 그러면 그 직원은 너덜너덜해지는 것이다.

직원에게 묻는다. "주말에 뭐 해?" "집에 가서 쉽니다." "네가 현장에 애정이 없구나." 사장은 직원에게 이런 말을 쉽게 던진다. 사실 나는 직원에게 상처 주는 말은 웬만하면 하지 말아야지 생각하는데 어느 순간 조금은 냉정한 말이 툭툭 튀어나온다. 사장으로 살면서, 사장들과 어울리면서 그들에게 배운 언어가 튀어나오는 것 같았다. "네가 받은 월급만큼 네가 일을 제대로 하고 있는지 생각해 봐." 사실 직원은 국가에서 정해 놓은 주 5일 근무, 주 52시간의 패턴에 맞춰 움직이는 게 맞다. 그게 법에 명시되어 있다. 주말에 집에 가서 쉬는 게 맞고, 그다음 주 5일을 열심히 일하기 위해서 적당한 휴식과 재충전이 필요하다. 나름 자기 밸런스를 맞추는 건데 그런 건 신경 안 쓰고 현장에 애정이 없으니, 집에 가서 쉴 생각만 하니 하며 면박을 준다. 직원들에게 스트레스를 덜 주는 방법도 있을 텐데 내가 만난 사장들 스타일이 좀 거칠어서 나도 그렇게 바뀌어 가는 것 같다.

성공한 친한 대표 중에 한 분은 회사의 직원을 대하는 걸 보면 정말 강하게 한다. 함께 식사하고 술자리에 있을 때는 몰랐는데 우연한 기회로 직원들 대하는 걸 보게 됐다. 엄청나게 갈구는 것이다. 일에 대해 모르는 게 없으니 반박할 수도 없다. 일할 때만큼은 쉴새 없이 일에 집중하며 일만 한다. 그렇게 쥐어짜는 대신에 직원들이 적당히 해 먹는 건 눈감아 준다. 그 재미 정도는 인정해 주는 것 같다. 그렇게 해서 직원들에게 숨통을 트게 해준다. 예를 들어 하루에 만 원씩 받고 일하는 사람이 있으면 시간당 1000원이나 1500원 정도 해 먹는 건 넘어간다는 것이다. 과하지만 않으면 적당한 범위에서 용서해 준다.

본부장으로 일할 때는 이런 대표를 본 적이 있다. 직원들을 못 믿어서 CCTV로 감시를 했다. 나는 "그러시면 안 돼요."라고 말렸다. 나는 본부 라인이라 얘기할 수 있는데 내가 그렇게 얘기를 하니까 이젠 나를 취조했다. 그래서 그 회사를 그만두고 나왔다. 엄청 기분 나빴다. 그런 경험이 내가 사장이 되고 역지사지가 될 줄 알았는데 그 대표만큼은 아니어도 나 역시 직원들을 혹독하게 대하는 것 같다. 어떤 대표는 카톡으로 직원들의 주말 시간까지 쥐어짠다. 아예 쉴 틈을 주지 않는다. 나는 카톡 대신 전화를 하는 편이다. 요즘은 주말에 가족과 보내는 시간이 많아서 웬만하면 전화도 자제한다. 돈 많은 CEO들을 보면 90%가 회사 근처에 산다. 그리고 노출을 별로 안 한다. 또한 대부분 왕 부럽지 않게 산다. 대표가 되고 그런 모습들이 눈에 많이 들어오는 것 같다.

3장

나는 부자들과
어울리며
부자들을 닮아 갔다

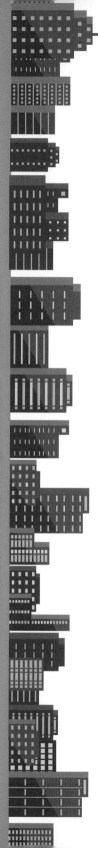

사장이 되고 나서 만나는 사람들의 수준이 달라졌다. 강남의 돈 좀 있는 CEO들을 만났다. 그들과 어울리며 그들의 삶의 철학을 배웠다. 그들에게 그냥 돈이 붙은 게 아니었다. 가난한 사람들은 왜 가난한지 알았고 부자들은 왜 부자가 되었는지 알았다.

내 삶의 레벨을 올리려면 그들의 모든 것을 흡수해야 한다. 그리고 과거의 내 껍질을 벗어 던져야 한다. 생각과 핑계가 많으면 가난하다. 결단과 실천이 많으면 얻는 게 많다. 그들이 걸어간 길을 따라 걸으며 내가 걸어갈 길도 찾게 된다.

부자들을 닮아 가는 것

나도 나름 가정적이어서 집에 잘 하는 편인데 내가 만난 부자들은 대부분 가정적이고 나보다 더 집안 식구들에게 잘 하는 것 같았다. 나와 인연이 된 부자들은 30~70억 원대의 집에 살고 있고 보통 2~3억 원대의 차를 몰고 다녔다. 그 사람들 삶을 보면 그렇게 돈이 많은데도 검소하고 부모한테도 잘하고 아내한테 잘하고 아이들한테도 잘했다. 그러면서 자기가 하고 싶은 건 대부분 하면서 살고 있었다. 기본적으로 해야 할 의무는 다하면서 자기가 하고 싶은 것도 잘 챙겼다. 그게 다 타고난 것 같고 능력이 좋아서 그런 것 같았다. 부자 형님들은 운동도 다 잘했다. 뭐 하나 모자란 게 없는 사람들이었다. 속된 말로 진짜 난 놈들이었다.

내가 만난 돈 많은 사장들은 무늬만 사장인 게 아니라 실질적으로 보여 주는 게 많은 사람이었다. 부자 중에는 두 가지 부류가 있다. 한 부류는 2세들의 모임으로 아버지한테 물려받아서 그대로 가는 사람들이고, 다른 한 부류는 자수성가한 사람들이다. 2세들은 수천억대의 가업을 물려받아서 그대로 유지하는 사람들이었다. 이재용, 최태원 같은 사람들이었다. 2세대 모임에 참가하는 게 아니라 그 모임에 나가는 2세 중 몇 명이 나와 만나는 것이다. 그들은 나와 놀면서 2세대 모임 이야기를 해준다. 그분들은 성향이 다 한 성격 한다. 성깔이 보통이 아니다. 한번 기분이 나쁘면 아래 직원도 눈에 안 보인다. 그 사람들하고 식사를 하러 가거나 술을 마시러 가면 종업원들에게 서비스를 받을 때 항상 팁을 주는 게 습관이 되어 있다. 팁을 주면서 자신들이 원하는 서비스를 받길 바라는데 기분이 나쁘면 막 성질을 내곤 한다. 종업원에게 막 뭐라고 한다. 나는 그런 모습을 가까이서 종종 목격하곤 했다.

 사실 일반인들은 부자들을 안 좋은 시선으로 많이 바라본다. 그러나 내가 겪어 본 부자들은 인간적이고, 배려심도 있고, 욱하는 성격도 있고, 착하면서도 성깔도 있다. 아니 오히려 일반인보다 더 착한 부자들도 많다. 물론 3세, 4세로 내려가면 망나니같이 노는 아이들도 있다. 그러나 그건 뉴스에 나오는 일부에 불과하다. 대부분 부자는 자기 삶에 대한 철학이 있으며, 아이들 교육에 신경을 많이 쓴다. 어떻게 사는 게 올바른 길인지 늘 고민하고, 어려운 사람들을 도와주는 마음도 가지고 있다. 그리고 일반인들과 가장 다른 것 중 하나가 현재의 자기 삶을 즐길 줄 아는 점이다. 이 점은 나도 많이 배우고 그렇게 따라 하려고 한다. 몇 년 압축해서 열정적으로 살아보니 그 사람의 현재 모습은 그 사람이 만나는 사람에 의해 좌우되는 것 같다. 내가 부자들을 자주 만나다 보니 나도 어느새 부자들의 스타일을 조금은 닮아가고 있다는 느낌이다.

가난한 사람들이 부자가 되지 못해서 이를 시기하는 것을 철학 용어로 르상티망이라고 한다. 프랜시스 베이컨은 부자들을 시기하는 가난한 사람들에게 이런 말을 했다. "부를 경멸하는 것처럼 보이는 사람들을 너무 신용하지 않는 것이 좋다. 부를 얻을 가망이 없는 사람들이 부를 경멸하기 때문이다. 그러한 사람들이 부를 얻게 되면 그들만큼 상대하기 곤란한 사람은 없다."《베이컨 수상록》에 나오는 말로 나는 심하게 동의한다.

부자들은 책을 읽거나, 음악을 듣거나, 전시회를 가거나, 사진을 찍고 그림을 그린다. 그렇게 자기만의 감수성을 채울 취미를 가지고 있다. 그런 취미로 삶의 어려운 순간마다 자신을 위로하고 치유한다. 책도 참 많이 읽어서 북 클럽에 가입한 부자들도 많다. 그 북 클럽에 나도 가입을 해서 그들의 가고자 하는 지식의 방향성을 같이 공유하려 한다. 나와 그들을 연결할 매개고리가 책이 되고는 한다. 서점에 갈 때는 부자 형님이 볼만한 책을 골라서 선물한다. 그걸 서로 읽고 이야기를 나누고 교감을 한다. 만약 그런 연결고리가 없다면 우리는 그저 스치는 인연에 불과할 것이다. 그런 교감이 서로 생기면 서로에게 도움이 되는 포인트를 찾게 된다. 인연이라는 건 억지로 해서 만들어지는 게 아니다. 서로 노력을 해야 하고 서로 교감을 해야 한다. 부자들이 겉보기에는 아쉬울 것 없어 보이지만 그들도 사람이고, 그들도 외롭고, 그들도 이야기를 나눌 상대가 필요하다. 나는 그런 부분을 파고들어 간다.

처음에 그들을 만날 때는 고객으로 만나지만 시간이 지날수록 내 인생의 스승으로 만난다. 내가 갖지 못한 것을 가진 사람들이라 내게 없는 것을 그들을 만나면서 채워 간다. 그래서 고맙고 그래서 그 인연이 오래 가는 것 같다. 그들은 사회적 약자에 대한 동정심도 분명히 가지고 있다. 그래서 기부를 하며 조금씩 나누면서 살고 있다. 사실 부자들에게 가장 힘든 건 자기를 낮추는 것이다. 대통령보다 더 편한 왕의 자리에 앉아 있는 사람들이기에 자기 삶에 부족하고 아쉬운 게 없어서 자칫 교만하기 쉽다. 그러나 의외로 내가 만난 부자 중에는 겸손한 사람도 꽤 많다는 점이다.

내가 책을 쓰려는 이유 중 하나는 사회적으로 잘못된 생각을 바로잡는 것도 있을 것이다. 우리 사회는 부자에 대한 잘못된 생각이 많은 것 같다. 나는 그런 생각 중에 사실과 다른 게 많다는 걸 겪어 보면서 알게 되었다. 세상에 알려진 건 특이한 것만 알려진다. 그냥 평범하고 수수하고 보통의 삶을 사는 부자들의 모습은 뉴스거리가 안 되는 세상이다. 돈 많은 사람들의 공통점 중 하나는 정치 얘기, 종교 얘기를 잘 안 한다는 점이다. 만약 모임에서 그런 이야기가 끊이질 않고 답도 없는 이야기들이기 때문에 아주 싫어한다. 그러다 보니 종교 활동도 잘 안 하는 것 같다.

나는 사실 내가 만난 부자 형님들을 다 닮고 싶다. 그리고 어느새 그들과 많이 닮은 내 모습을 발견한다. 사실 교회라는 곳도 헌금을 얼마 내고 십일조를 잘 내느냐 못 내느냐가 중요하다. 신자들의 돈이 교회에 들어와야 교회가 돌아간다. 나는 그걸 잘못되었다고 생각하지 않는다. 어쨌든 거기도 먹고살기 위한 돈이 어디에선가는 나와야 하기 때문이다. 교회나 성당에 가면 인쇄물이 매주 나온다. 그 인쇄물을 찍으려면 돈이 있어야 한다. 그게 기본 운영비다. 그런 돈은 분명히 필요하다. 그런데 욕심이라는 게 생긴다면 조금 과해질 수도 있다. 그것 역시 나쁘다고 생각하지 않는다. 그런데 돈 좀 있는 사람들에게는 이런 눈초리가 더 많이 간다. 더 해 줄 수 있을 텐데 왜 이것밖에 안 해 줄까 하는 눈총을 받는다. 부자들은 그런 눈총이 부담스러운 것이다. 이것저것 마음이 약해서 다 해 봤는데 마음의 상처만 생겼을 것이다. 그래서 더 폐쇄적인 사람이 되지 않았을까 생각한다. 폐쇄적이지만 그런 삶이 더 마음이 편한 것이다. 그리고 그렇게 같은 생각을 하고 같은 경험을 하는 같은 부류의 사람들과 어울리면서 그날그날의 인생을 편하게 먹고 놀고 즐긴다. 일반인들은 부자들의 이런 과정은 모르고 그냥 먹고 놀고 즐기는 것에만 초점을 맞추고 비난한다. 난 그게 잘못되었다고 말하고 있는 것이다.

자기랑 비슷한 부류의 사람들을 만나면 쓸데없는 걱정과 눈치를 보지 않아도 좋다. 그들은 돈 빌려 달라는 소리도 안 하고 부담 가는 부탁도 안 한다. 그냥 편하게 어울리며 논다. 그런 그들과 어울리다 보니 나도 그렇게 되어 간다. 나도 나에게 부담스러운 부탁을 하는 사람을 잘 안 만나게 된다. 그래서 사장들만 만나게 되고 만나면 안타까운 마음이 드는 직원들을 잘 안 만난다. CEO도 결정권이 없는 사람은 잘 안 만난다. 결정권이 없는 사람은 사장이 아니라 직원이다. 그들을 만나면 내 에너지가 더 빠진다. '내가 서비스를 하려고 이 사람을 만나는 게 아닌데.'

하는 생각을 한다. 만나서 내가 얻을 것보다 내가 잃을 게 많아서 피하는 편이다. 조금 계산적이라고 말할 수 있지만 내 마음이 약해지는 걸 보이기 싫어서 몸을 사린다는 게 맞을 것이다.

사장이 되고 보니 직원들의 생각과 내 생각의 영역이 다르다는 걸 확연하게 알았다. 서로 바라보는 곳이 다르고 개념이 다르기 때문에 대화가 잘 안 된다. 나도 월급쟁이 생활을 해 보았지만 사실 월급쟁이들은 찰리 채플린 영화에 나오는 기계 부속품에 불과하다. 월급쟁이로 살면서 독창적인 사고를 하기란 굉장히 힘들다. 기계처럼 주어진 일을 하기 때문에 '저 사람 생각 괜찮네.'라는 말을 듣기 참 힘들다. 그리고 계속 그 세계에 살다 보면 그 세계에서 쉽게 벗어나기 힘들다. 월급쟁이로 평생 산다는 건 자신만의 생각과 사고가 없이 기계적으로 살았다는 걸 의미한다. 그래서 이 책을 읽는 월급쟁이들에게 나는 그 생활에서 하루라도 빨리 벗어나 자기 이름으로 조그만 사업이라도 하는 걸 권한다. 그리고 소득 없는 월급쟁이들을 만나지 말고 나보다 조금 나은 삶을 사는 사람을 만나 그들의 부류에 편입되도록 노력해야 한다. 어떤 것에 예속되지 않는 사람은 사고가 자유로워서 남들이 생각하지 못하는 것을 얘기할 때도 있고 의외의 기회 요인을 선물할 때도 있다. 나는 예속되지 않은 부자들의 그 자유로운 사고를 닮고 싶은 것이다.

하기 싫은 일을 많이 해야
돈을 벌 수 있다

　나는 과거에는 무작정 돈을 벌었다. 돈이 없었고 바닥이었기에 그렇게 해야 했다. 살기 위해서, 더 잘 살기 위해서 미치도록 뛰어다녔다. 먹고 싶은 것, 놀고 싶은 것, 하고 싶은 것들을 다 포기하고 오직 돈만 벌었다. 그때는 희생이라는 단어보다 생존이라는 단어가 내게 더 어울렸다. 한 집안의 가장으로서 제대로 된 역할을 하려면 집에 돈을 가져다주어야 했다. 그런데 이제 본부장의 자리를 지나 사장이 되고 보니 돈을 바라보는 시각이 달라졌다. 돈에 대한 철학이 생긴 것이다. 돈을 어떻게 벌어야 하는지, 돈을 어떻게 써야 하는지 감을 잡기 시작했다. 어떻게 해야 부자가 되는지도 어느 정도 알게 되었다. 2015년에 쓴 첫 번째 책에서는 어떻게 형국진이라는 분양의 신이 태어났는지를 보여 줬다. 이제 6여 년이 지나고 쓰는 두 번째 책에서는 어떻게 그 분양의 신이 부자의 대열에 올라섰는지를 보여 주고자 한다. 말은 부자의 대열이라고 하지만 나는 아직 부자는 아니라고 생각한다. 다만 부자들과 어울리며 어떻게 그들처럼 될 수 있는지를 조금씩 배워가고 있을 뿐이다.

요즘 아이들 하는 얘기를 들어보면 좋아하는 일을 할 것이냐, 잘하는 일을 할 것이냐는 기로에서 고민하는 것 같다. 내가 겪어 본 바로는 두 가지 다 헛소리고 돈을 많이 벌려면 하기 싫은 일을 많이 해야 한다고 본다. 하기 싫은 일을 피해 다니면서 어떻게 좋아하는 일, 잘하는 일을 손에 쥘 수 있을까. 좋아하는 일, 하고 싶은 일을 해서 돈 많이 벌었다는 사람 찾기 힘들다. 그냥 꾸준히 힘들고 싫은 일 참아가며 하다 보니 돈이 잡히는 것이다. 꾸준함과 인내력, 난 이게 돈을 버는 큰 에너지라고 본다. 일 조금 하다가 멈추고, 이것 하다가 다른 일 하고 하면 돈을 모을 수가 없다. 부자들은 적은 돈도 소중히 한다. 그건 그 돈이 꾸준하게 모여 또 다른 돈을 벌어 주기 때문이다. 참고, 배우고, 꾸준하게 일해야 한다.

돈을 버는 기준이 다를 수 있다. 하지만 분명히 말하고 싶은 건 하기 싫은 걸 참아 가며 일할 줄 알아야 제대로 돈을 벌 수 있다는 점이다. 내가 가르치는 교육생 중에도 좋아하는 일을 해서 돈을 번 사람이 있다. 하고 싶은 일을 하면서 살고 싶다고 한다. 나는 꿈 깨라고 말하고 싶다. 회사에 와서 돈을 벌려면 남들 출근하기 전에 와서 청소하고, 유리도 닦고, 바닥도 쓰는 등 하기 싫은 일부터 해야 한다. 이게 꼰대 같은 소리라고 생각할지 몰라도 엄연한 현실이다. 기술적인 경지에 오른 사람은 그 기술을 자기 것으로 만들기 위해 얼마나 많은 시간을 참아가며 노력했겠는가. 세상엔 절대 공짜가 없다. 힘들게 자기 것으로 만든 기술을 아무렇지도 않게 내놓는 사람은 없다. 굿은일을 참아 가고 자기 꿈을 키워 가는 사람을 보면서 '아, 저 친구는 내가 기술을 전수해도 괜찮겠구나.'

하는 생각을 하는 것이다.

　매일 남들과 똑같이 9시에 딱 맞춰 출근해서 자리에 앉아 멍 때리고 있는 사람이 의외로 많다. 자기가 할 일을 찾아볼 생각을 안 하고 그냥 멍 때리고 있다. 이런 사람에게 돈이 붙을 일이 없다. 하고 싶은 일, 좋아하는 일을 하면서 산다는 걸 나는 심하게 말해서 개소리라고 한다. 사실 책에 이런 말을 조금 냉정하게 해도 된다. 독자들 눈치 보며 그럴듯하게 포장한 말만 늘어놓는다면 그 책이 시중에 나와 있는 수많은 책과 무엇이 다르겠는가. 나는 내가 느낀 이야기들을 나만의 방식으로 솔직하게 얘기하고 싶은 것이다. 그래서 조금 거친 말이라도 해야 글이 속시원하게 흘러가고 내 속에 있는 이야기를 제대로 전달할 수 있다고 생각한다.

　다시 한번 이야기하지만 하기 싫은 일을 꿋꿋하게 많이 해야 그다음에 밸런스를 갖춘 삶을 얻을 수 있다. 365일 일만 하면서 살아야지 돈을 번다. 그래야 내가 먹고살 만큼 여유를 부릴 수 있다. 그런 자세로 일을 하고 돈을 벌어야 그게 누적이 되어서 삶의 여유가 생긴다. 부자들은 돈을 일하게 한다. 가난한 사람들은 돈을 위해 일한다. 가난한 사람들이 부자가 되기 위해서는 돈이 스스로 일할 수 있을 만큼의 액수를 벌어야 한다. 눈싸움할 만큼 작은 눈으로는 무언가를 이룰 수 없다. 내 몸보다 두 배, 세 배는 큰 눈덩이를 만들어야 그 눈덩이가 일하게 만들 수 있다. 눈덩이가 크면 그 눈덩이에서 조금 떼어 낸다고 눈에 띄지 않는다.

그러나 눈싸움만 할 작은 눈덩이는 조금 떼어 내면 엄청나게 티가 난다. 부자는 그 차이를 정확하게 아는 사람이다. 그 차이를 알아야 좋아하는 일, 잘하는 일을 할 수 있다. 그 차이를 안 이후에야 워라밸을 말할 수 있다.

워라밸은 부자들의 속임수다

1년, 2년 쉼 없이 일하고 돈을 벌고 쌓아놓은 사람이 어느 순간에 큰 돈이 들어오는 기회를 잡는다. 그때부터 인생의 터닝포인트가 시작된다. 내가 만난 부자들의 공통적인 기준을 보면 자기가 얼마를 가지고 있는지 모를 정도로 많은 돈을 가지고 있다는 점이다. 그게 바로 부자들의 기준이다. 애플의 스티브 잡스가 1조 달러를 벌기까지 42년이 걸렸다고 한다. 그는 42년 동안 옷도 한 가지만 입고 오직 일만 하고 돈을 벌었다. 당신도 42년을 스티브 잡스처럼 할 수 있는가. 그렇게 할 수 있다면 부자의 워라밸을 누릴 수 있지만 그렇지 않다면 평생 보통 사람, 가난한 사람의 굴레에서 벗어날 수가 없다. 복권으로 요행을 바라는 건 악마의 속삭임이라고 생각한다. 요행을 바라기 전에 남들보다 앞서 움직이며 일을 하고 돈을 모아야 한다. 난 우리 젊은 친구들에게 그걸 빨리 깨우치고 먼저 일어나서 일하라고 강조하고 싶다.

1조 달러를 벌었다면 그 1조 달러가 2조 달러로 되기까지 그리 오랜 시간이 걸리지 않는다. 1조 달러에 가속력이 붙는 것이다. 1조 달러를 벌 때까지 먹고 싶은 것, 즐기고 싶은 것들을 참고 살았을 것이다. 싫은 일을 참으며 살았을 것이다. 다 희생하고 참고 살면서 이룬 1조 달러다. 우리 같은 보통 사람들은 이런 과정이 없으면 절대 부자가 될 수 없다. 그런 걸 감내할 자신이 없다면 부자가 되고 싶다는 생각을 하지 말고 적당히 살다 가야 한다. 내가 아는 부자들이 하는 말 중에 이런 말이 있다. 워라밸을 강조하는 추세를 보면서 자기들은 속으로 웃는다는 것이다. '너희들은 워라밸을 챙기면서 그 수준에서 살아라.'라면서 말이다. 워라밸을 위해 돈을 쓰면 그 돈은 결국 자기들 주머니로 들어올 것이고 당신들은 몇십 년 동안 부자들의 수준에 절대 오르지 못할 것이다. 조금 잔인하게 이야기해서 워라밸이라는 말은 국가가, 아니 부자들이 가난한 사람들에게 자기들의 세계에 올라오지 말라고 만든 개념이라는 것이다.

먹고 싶은 거 다 먹고, 사고 싶은 거 다 사고, 쉬고 싶을 때 다 쉬고, 보고 싶은 거 다 보면서 적당히 삶의 가치를 누리며 사는 사람들이 어떻게 돈을 모으는가. 분명히 말하는 팩트는 스티브 잡스도 햄버거를 먹고 한 가지 옷만 입으면서 24시간 일만 했다. 한 가지 옷만 선택한 것은 옷을 선택하는 스트레스조차 줄이려 한 것이다. 스티브 잡스의 자서전을 보면 자기는 다른 데 신경 쓰고 싶지 않아서 옷을 하나만 입고 사람 만나는 것도 줄인다고 한다. 나도 한때 자기계발서에 푹 빠져 살 때는 오로지 긍정만 외쳤다. 좋은 생각만 하고, 좋은 말만 하고 사는 게 최고라고 생각했다. 그러나 거기 빠진 게 있었다. 그걸 이루기 위해 꼭 필요한 희생, 인내가 아주 중요했다. 싫은 일을 마다하지 않고 해내는 그 희생과 인내가 부자를 만들고 성공을 만드는 것이다.

나는 사장이 되면서 냉정해졌고 현실적인 사람이 되었다. 좀 따갑더라도 해야 할 말은 직설적으로 한다. 감언이설은 누군가를 바꾸고 고칠 수없다. 아들에게도 네가 현실 속에서 먼지 묻어가며 일을 해야 돈을 벌수 있다고 말을 한다. 지금 내 아들은 14살인데 남에게 싫은 소리를 못한다. 아직 어린 애다 보니 "이것 좀 고쳐 주세요." 하는 말도 잘 못 한다. 그래서 나는 그런 걸 억지로 시키면서 가르친다. 그러면서 하는 이야기가 "네가 사람들한테 싫은 소리를 못 하면 그 피해는 너한테 오는거야."라고 말한다. 싫은 소리를 못 하면 그 피해는 온전히 자신의 것이된다는 얘기였다. 그리고 한 마디 덧붙여서 "나중에 월급 받으면서 살래? 아니면 아빠처럼 월급 주면서 살래?"라고 묻는다. 그러면 월급을주면서 살고 싶다고 한다. 그러면 지금처럼 하면 안 된다고 따끔하게 이야기해 준다. 나는 그게 교육이라고 생각한다. 남들처럼 살게 하는 게아니라 남들과 다르게 살도록 하는 게 교육이지 않을까.

연봉 1억을 받아도 월급쟁이다. 월급 받는 사람은 사고가 편협하다. 월급 받는 것에 기준을 맞추면 더 큰 사람이 될 수 없다. 대기업에 다니면서 연봉 많이 받는다고 자랑하는 사람이 있다. 그래 봤자 월급쟁이인것이다. 그 월급쟁이와 그 대기업에 바로 납품을 하며 굽신거리지만 사업을 하는 사장하고는 생각의 차이가 엄청 크다. 나는 대기업 다니는 어느 분의 이야기를 듣고 이런 말을 했다. "그래 봤자 그분은 임직원이에요. 독립해서 자신이 오너가 되지 않는 한 그냥 직원일 뿐이에요."

자기 손으로 일을 해 나가는 것과 남의 일 도와주면서 연봉 많이 받는 것과는 하늘과 땅 차이다. 그리고 자기가 하는 일은 그 일을 함께하는 직원에게 싫은 소리를 얼마나 잘하느냐에 달려 있다. 직원들에게 좋은 말만 해서는 그 회사가 제대로 굴러가기 힘들다. 제대로 돈을 벌기 힘들다는 얘기다. 그렇다고 굳이 인격까지 무시하면 직원을 다루라는 얘기가 아니다. 일을 못 하면 따끔하게 혼낼 줄 알아야 한다는 것이다. 돈을 주고 고용했으니 그 정도는 말할 수 있어야 한다. 그 사람에게서 업무적으로 철저하게 뽑아내야 한다. 사장이 싫어서 나가 버린다고 해도 뭔가 배워갈 수 있게 혹독하게 해야 한다. 회사는 친목 단체가 아니다. 일을 해서 돈을 벌려고 모인 곳이다. 그렇다면 절대 느슨하게 가서는 안 된다. 뼈저리고 혹독한 인내의 시간이 있어야 그 사람의 성장을 이야기할 수 있다.

내 친한 CEO 중에 롤스로이스를 타고 다니는 형님이 있다. 그 형님 밑에 직원 중에 나보다 1살 많은 팀장이 있는데 그 팀장이 나에게 하소연을 한다. 자기 사장이 너무 갈군다는 것이다. "아, 씨~ 정말 때려치우고 싶을 정도야." 이제 직원들의 심리를 조금 아는 내가 그 팀장에게 한 마디 해 준다. "팀장님, 사장님이 팀장님을 갈구고 뭐라고 할 때 본인 속은 얼마나 쓰리겠어요? 사장님이 팀장님 갈구는 게 좋아서 그러는 게 아닐 거예요. 다 회사와 팀장님을 위해서 말하는 건데 아마 그렇게 말하는 것도 쉽지 않았을 거예요. 팀장님도 자식들한테 쓴소리해 봐요. 그다음 날 기분 좋은지. 저는 그거랑 똑같다고 봐요. 그러니 사장님 마음을 이해하세요." 그 사장 형님도 당신 이상으로 스트레스를 받으면서 당신을 갈구는 것이라고 말했다. 그렇게 말하니 공감을 했다.

회사의 상사 때문에 힘들어서 회사를 나와 창업을 하는 사람들이 있다. 회사를 박차고 나와서 회사를 차린 대부분의 사람이 망한다. 이유는 기본적인 체력과 소양이 갖추어져 있지 않기 때문이다. 우리나라에서 성공이라는 것은 분야가 다르더라도 자기가 뭔가를 연구·개발해서 새로운 아이템을 창조해야 한다. 그런데 그런 성공, 그런 창조도 관계가 뒷받침되지 않으면 힘들다. 오랜 시간 싫은 일도 하고, 싫은 사람과도 부대끼며 숙성된 시간이 그 관계를 튼튼하게 한다. 사람들은 대부분 익숙한 사람, 편한 사람과 일하게 되어 있다. 그래서 친한 사람들과 일을 한다. 비즈니스는 그 관계를 잘 이해하는 게 중요하다. 이 사람에게도 맞춰 주고, 저 사람에게도 맞춰 주며 간다. 조금 실수를 해도 조금씩 쌓여서 박힌 돌이 되어 간다. 그런데 그런 경험을 직장생활만 하는 사람은 알 수가 없다. 시키는 일만 하는 사람은 절대 적응할 수가 없다. 직장인은 이거 하라고 하면 그것만 하면 된다. 시키는 것만 잘하던 사람들이 나와서 자기와 맞지 않는 많은 사람을 상대로 오더를 따낸다는 건 절대 쉬운 일이 아니다. 누가 연계를 해 주면 좋지만 그런 것도 아니기에 더 힘든 것이다.

나라에서는 직장인들에게 워라밸을 강조한다. 너무 일만 하면 삶이 힘들어 보이니 균형 잡힌 삶을 살라고 한다. 그런데 그런 삶을 살기 위해서는 소비를 해야 한다. 일주일, 한 달을 힘들게 일해서 번 돈을 더 큰 돈으로 만들지 못하게 하고 균형 잡힌 삶을 위해 소비하게 한다. 소비를 일으킨다는 건 그 사람의 수준을 부자 수준으로 올라가지 않게 하려는 음모가 있다. 난 부자들의 그 음모를 보고 머리털이 섰다. 우리나라의 돈 좀 번 CEO들은 월화수목금금금으로 일했다. 주말이 없었고 휴식이 없이 계속 일만 하면서 살았다. 어느 정도 돈이 모일 때까지 그렇게 하면서 살다 보니 돈이 모인 이후에도 그게 습관이 되어서 그렇게 사는 사람들이 대부분이다. 사람들을 워라밸을 통해 평균치로 만들어 놓으면 지금 삶의 단계를 뛰어넘을 수가 없다. 내가 보기에는 주 5일 근무하면서 사장된 사람은 한 명도 못 봤다. 자본주의 사회에서 돈이 모이지 않으면 한 단계 업그레이드할 수가 없다. 이게 부자들의 고도의 전략이다. 보는 측면마다 조금 다르게 말할 수 있지만 내가 부자들 옆에 바짝 붙어서 느낀 생각은 그렇다.

내가 만나는 부자 사장님들은 새벽 4시, 5시에 사무실 가서 일하고 주말도 없이 일하곤 한다. 일에 미쳐 산 시간이 오래다. 그래야 자기 사업이 유지되고 한 단계 더 올라갈 수 있다. 주 5일 챙기고, 주말에 놀 거다 놀면서 승진하는 사람 없고, 잘 사는 사람 없다. 내가 내 눈앞의 사장 그 이상이 되려면 그 사장이 사장 되기 전에 일했던 그 양을 넘어서야 한다. 그렇지 않으면 그건 요행이나 다름없다. 워라밸을 위해, 삶의 질을 위해 휴식을 챙기다가는 돈 절대 못 모은다. 그게 따끔한 현실이다. 사람이 얼마나 오래 산다고 조금 즐기면서 살자고 하면 할 말이 없다. 그러나 돈 좀 벌고 싶고 부자가 되고 싶다면 일을 미치도록 해서 돈을 모아야 한다. 세상사 하나를 얻으려면 하나는 포기해야 하는 법이다. 주말을 얻으면 당연히 승진도 더뎌지고, 월급 올라가는 것도 느려지고, 부자 되는 길도 멀어진다. 지금 내 밑의 직원 중에도 워라밸의 가치에 빠져 있는 사람이 있을 것이다. 그걸 탓하고 싶지 않다. 그러나 부자가 되고, 돈을 벌고 싶다면 일할 수 있을 때 미치도록 일해서 돈을 모아야 한다. 사람이 일할 수 있는 능력이 되는 시간이 그렇게 많지 않다. 시간이 지나면 미치도록 일하고 싶어도 못 하게 된다. 지금 자기 속에서 열정이 용암처럼 솟구칠 때 발바닥에 땀이 나도록 뛰고 허리 디스크가 걱정되도록 허리를 구부리며 대통령보다 더 많이 악수해야 한다. 한번 실패하면 '어, 재밌네.' 하면서 다음 코스로 도전하는 재미를 느껴야 한다. 스마트폰 속의 게임에 푹 빠져 살 게 아니라 현실의 게임에서 승자가 되는 재미를 느껴야 한다.

내가 일하는 분양 분야는 고정급, 월급이 있는 곳이 아니다. 그게 차라리 나를 더 키웠는지도 모른다. 월급이 보장되어 있지 않으니 영업을 해야 하고 그러다 보니 야생의 생존력이 높아진 것 같다. 어떻게든 팔아야 했고, 그래야 집안에 돈을 가져다줄 수 있었다. 난 24시간 중에 그것만큼 중요한 게 없다고 생각했다. 좋은 집, 좋은 자동차를 갖고 싶었지만 그건 나중 문제였다. 지금 내가 맡은 지시산업센터를 하나라도 더 팔아야 생존이 가능했다. 그만큼 절박했고 그 절박함이 쌓여 갈수록 가난에서 벗어나 잘살고 싶다는 욕구가 차올랐다. 그래서 부자들의 방법을 필사적으로 따라 했다. 그렇게 해서 만들어진 게 분양의 신, 형국진이다.

지금 직장을 다니는 사람들, 월급을 받는 사람들에게 하고 싶은 말은 현재의 그 자리를 영원한 자리로 절대 생각하지 말라는 것이다. 그저 스스로 회사를 차리고, 스스로 일을 해서 당당하게 먹고사는 그 목표에 오르기까지의 과정에 불과하다. 월급에 길드는 사람은 노예나 다름없다. 노예는 자기 의지대로 인생을 살 수 없는 사람들이다. 사람으로 태어나서 자기가 하고 싶은 걸 하면서 살고 싶다면 지금 눈앞의 죽도록 하기 싫은 일부터 하나씩 쳐내면서 독립을 꿈꾸어야 한다. 이 책을 읽는 내 밑의 직원들도, 나를 아는 거래처 사장 형님들의 밑에 직원도 그리고 이 글을 읽고 있는 독자들도 분명 그렇게 할 수 있다. 일단 미치도록 일하고, 미치도록 돈을 모아서 어느 정도 경지가 되면 그때 되어서 워라밸을 당당히 이야기할 수 있지 않을까 싶다. 내가 만나고 있는 CEO들은 자기가 얼마나 많은 돈이 있는지 모른 상태가 되어서야 자기 삶을 즐기고 있다는 걸 명심하자.

열심히 한다고 올라갈 수 있는 게
아니라는 따가운 현실

나는 살면서 이것저것 많이 팔아 보았다. 책도 팔아 봤고 영업을 하러 참 많이 돌아다녔다. 다단계 비슷한 것도 해 봤다. 영업이라고 할 만한 건 다 해 본 것 같다. 영업이라는 게 나를 모르는 사람들을 만나서 설득하고 파는 것도 영업이지만, 자기가 아는 사람한테 최선을 다하는 것도 영업이라고 생각한다. 특히 눈앞에 있는 사람한테 열중하고 최선을 다했을 때의 파급효과는 엄청 크다. 나는 이 경험치가 아주 중요하다고 생각해서 누군가에게 내 노하우를 가르칠 때 이 부분을 얘기하고 다닐지도 모른다. 지금 돈이 없는 사람은 자신의 레벨을 올리기 위해서 돈을 많이 번 사람들에게 막 다가가서 그들의 장점을 흡수해야 한다. 참고 혹독하게 훈련하며 레벨을 올려야 한다.

나는 돈을 많이 번 사람들을 만나면서 그들의 장점을 보려고 노력하는데 그들은 아는 사람들에게 최선을 다한다는 것이다. 자기가 인맥으로 활용할 수 있는 사람들은 지렛대가 되기 때문에 조금 더 열심히 최선을 다한다. 내가 첫 책을 낼 때는 그저 열심히만 하면 성공할 수 있다고 생각했다. 그런데 지금 현실을 혹독하게 느끼고, 다른 레벨을 만나면서 그 성공이라는 것도 어느 정도는 타고나야 한다고 생각이 바뀌었다. 무작정 열심히 한다고 레벨을 올릴 수 있는 게 아니다. 자기계발서를 열심히 읽어서 자신을 바꾸고, 다른 부자들이 일하는 노하우를 따라 하면서 레벨을 올릴 수도 있다. 그러나 현실에 부딪혀 보니 그런 경우는 굉장히 희박했다.

나는 사실 특별할 게 없는 사람이다. 인맥도 없고, 학벌도 없고, 운도 없는 것 같았다. 그런데 지금은 인맥도 좋고 돈도 나름 많이 번 것 같다. 어지간한 대학 나온 사람들 이상의 소득도 된다. 내가 가는 모임에 롯데 타워 사장도 있다. 만나는 사람들 수준도 10년 전, 5년 전에 비해 확 달라졌다. 내가 이렇게 된 것이 그냥 거저 주어진 것은 절대 아니라는 점이다. 정말 혹독한 과정을 겪었다. 사기, 배신은 일상이었다. 나는 온실 속에 앉아 자기계발서를 읽으며 꿈을 키운 사람이 아니다. 살을 에는 칼바람을 맞으며, 피 뚝뚝 흘리며 아파하다가 이렇게 주저앉으면 안 되겠다고 생각하며 책 한 페이지를 겨우 넘긴 사람이다. 그때 넘긴 책의 글귀는 그냥 글이 아니라 생명줄이었다.

돈을 많이 번 사람들은 책을 많이 읽는다. 그런데 돈이 그렇게 많지 않은 당신, 한 달에 책을 몇 권 읽으시는가. 듣기에 조금 껄끄러운 얘기는 따갑게 해야 한다. 나는 요즘 대학생들의 막연한 생활 태도도 마음에 들지 않는다. 그 생활 태도에도 역시 독서 부족을 꼬집는다. 대학생이 1년에 책 한 권을 안 읽는다면 그게 어떻게 대학생인가. 하버드대학교도 학부 학생들에게 엄청 책을 읽게 하는데 하버드대학교보다 수준이 낮은 대한민국의 대학생들이 어떻게 책을 안 읽는지 알다가도 모를 일이다. 분명 책을 읽어야 지적 수준도 높아지고 세상을 보는 눈도 높아진다. 그런 노력을 안 하고 새로운 길에 도전한다는 건 말이 안 된다. 물론 책 한 권 안 읽고 여기저기 도전하고 깨지며 성공한 사람도 있다. 그 사람은 세상이라는 책을 읽은 사람이다. 무언가를 배우려고 절박하게 움직인 사람이다. 부자들은 그냥 부자가 된 사람들이 아니다. 책을 보든가, 지금 눈앞에 있는 사람에게 최선을 다해야 그나마 부자의 끝자락을 잡을 수 있다. 정말 부자가 되고 싶은가. 그렇다면 지금 당장 다른 사람들보다 한 걸음 더 노력해야 한다.

나는 살면서 인맥도 참 중요하다고 본다. 내가 송파구로 이사 온 것도 인맥 때문이다. 이전에는 광명에 6년 살았지만 지금 난 강남, 서초, 송파가 생활권이다. 그리고 이 강남 3구에서 사람들과 사귀고 만나고 생활한다. 큰아들이 고등학교에 들어가기 전에 강남구로 이사 가는 게 작은 소망이다. 내 아이에게 출발부터 남다른 인맥을 만들어 주고 싶은 게 가장 큰 이유다. 내 아이에게 그런 백그라운드를 만들어 주고 싶다. 잘사는 사람들, 자수성가한 사람들을 보면 사실 자기 힘으로 그렇게 잘살게 된 것도 있지만 부모가 물려준 게 영향이 크다. 잘사는 부모는 못사는 부모보다 아무래도 자식들의 삶, 자식들의 미래에 큰 영향을 준다.

자신의 인맥으로 "김 사장, 나 좀 도와줘." 한마디면 해결되는 일이 많다. 나도 그런 힘을 키우고 싶은 것이다.

　내가 사장이 되고 보니 직원으로 CEO를 만날 때와 사장으로 CEO를 만날 때의 차이가 컸다. 나를 대하는 태도의 차이가 아주 컸다. 직원으로 만날 때는 아무래도 직원 그 이상으로 나를 대하기 힘들다. 그러나 직원이 아닌 같은 대표 혹은 직원이 아닌 입장으로 CEO를 만날 때는 대화도 다르고, 내가 대접받는 느낌도 더 크게 받는다. 부자들은 자녀들이 아주 어릴 적부터 그들을 부자로 유지하는 전략을 실행에 옮긴다. 아이들이 어울리는 사람들을 관리하고, 아이들에게 어떻게 하면 세금을 덜 내고 돈을 물려줄 것인가를 고민한다. 세금을 안 낸다는 게 아니라 세금을 조금 아끼면서 취할 수 있는 방법들을 고민하는 것이다. 나는 그들의 그런 스타일을 조금씩 배우고 따라 하고 있다. 내 자식에게 내가 겪은 가난의 아픔을 주지 않기 위해서 더 많이 노력하고 있다. 그게 부모로서 아이에게 해 줄 수 있는 최고의 선물이라 생각하고, 그래서 지금 만나는 사람과 내가 만들어가는 인맥에 최선을 다하게 되는 것이다.

부자들이 더 많이 공부한다

지금 내게 멘토가 누구냐고 묻는다면 내가 만나는 부자 형님들, 부자 CEO들인 것 같다. 내가 나도 모르게 그들의 습관, 그들의 말투, 그들의 생각을 따라 하고 있다. 그래도 가장 기억에 남는 멘토는 롤스로이스를 타고 다니던 형님이었던 것 같다. 그 형님과 친하게 지내면서 많이 배웠다. 그분은 술을 참 많이 드셨는데 헤어지고 30~40분 후에는 잘 들어갔냐고 꼭 전화해 준다. 그리고 아침에 한 번 더 전화한다. 인연을 소중히 하는 분이고 그렇게 안부 전화하는 게 습관이 된 분이다. 옛날에는 성공하기 위해 로비하고, 선물 주고, 접대하고 그랬는데 요즘은 꼭 그렇게 안 해도 자기만의 방법으로 인맥을 관리하는 방법이 있다. 중요한 건 진심을 가지고 최선을 다하는 것이라고 본다. 이분은 금수저는 아닌데 열심히 해서 금수저가 된 분이다. 살면서 나름대로 고난이 있던 분이라서 나로서는 배울 게 더 많은 사람이다. 힘들게 살고, 어렵게 고비를 넘긴 분이라서 한 사람 한 사람을 소중하게 생각하고 최선을 다하는 것 같다. 나는 사실 안부 전화 같은 걸 잘 하는 스타일이 아니다. 그런데 그 형님을 만나면서 조금 달라졌다. 그 형님의 스타일을 배운 것이다. 나이

차도 많이 안 나서 목욕탕도 같이 다니고, 술도 같이 많이 마시고 골프도 많이 쳤다.

부자들은 그냥 돈을 버는 게 아니다. 돈을 버는 방법을 꾸준히 연구하고 공부한다. 다양한 투자방법이 있는데 그중에서 부동산 투자를 많이 한다. 주식과 부동산을 비교하면 주식은 10만 원이나 100만 원 있어도 투자를 할 수 있다. 그러나 부동산은 어떤 계획이 있어야만 가능하다. 1억 원대 오피스텔에 투자하려고 해도 대략 3천만 원 정도의 투자금이 있어야 한다. 신용도 좋아야 하고 뭔가 목표를 가지고 투자해야 한다. 통장에 현금이 약간 있는데 뭐 할지 모르는 사람들이 주식에 투자한다. 주식은 다소 막무가내식 투자라고 본다. 부자들이 제일 많이 모여 있는 업종이 네트워크 마케팅이 첫 번째, 부동산이 두 번째, 마지막 세 번째가 주식과 같은 금융 쪽이다. 네트워크 마케팅과 부동산은 2%밖에 차이가 안 난다. 우리나라 전체 자산가의 80%가 부동산에 투자하고 있다. 건물만 사 놓고 임대 사업 하는 사람도 많다. 예전에 PD수첩 1,000회 특집으로 임대 사업을 다룬 적이 있다. 조물주 위에 건물주라는 말을 쓰면서 초등학생들의 꿈도 건물주라는 말도 심심치 않게 한다. 조금은 천박해진다는 생각이다. 아이들이 돈맛이나 보고 너무 고생을 모르고 편하게만 살려고 하는 게 문제다.

연예인 중에도 건물주가 꽤 많다. 권상우, 소녀시대 유리, 손예진 등은 건물로 꽤 높은 수익을 올렸다. 아이들이 그런 걸 보면서 헛된 꿈을 꾸는 건 아닌지 모르겠다. 연예인도 반은 부동산에 투자하고 반은 주식이나 다른 곳에 투자한다. 주식에 투자해서 성공한 사람들을 보면 양현석이나 배용준, 이수만 정도의 거물들일 것이다. 그런데 가만히 보니 부동산에 투자한 사람들을 대부분 살아남는다. 오래 가는 것 같다. 예를 들어 30억짜리 빌딩을 산 사람은 몇 년 뒤 50억, 60억을 손에 쥔다. 그 차익이 무려 20~30억이다. 그리고 손에 쥔 60억을 가지고 청담동의 빌딩을 산다. 그러면 그 건물이 몇 년 사이에 100억이 된다. 그렇게 건물 투자로 돈을 불려 간다. 옆에서 보기에는 나름 재테크의 귀재로 보일 것이다. 그러나 그 사람들은 발품 팔고 부지런 떨면서 엄청나게 공부한 사람들이다.

지금 강남구의 꼬마빌딩을 가지고 있는 사람들은 대부분 3~40년 동안 갖고 있는 사람들이다. 대부분 사고팔고 하지만 극소수는 안 팔고 그냥 가지고만 있다. 가지고 있으면 계속 올라가기 때문이다. 특히 강남의 낡은 건물들을 보면 원래 그 건물이 올라가던 때부터의 소유주가 그대로 가지고 있다. 그들은 그 건물을 쉽게 안 내놓는다. 원래 낡은 건물들이 가치가 더 큰 법이다. 강남 대부분의 낡은 건물들은 원조가 다 갖고 있다. 강남은 입지 자체가 좋기 때문에 새 건물, 헌 건물이 중요하지 않다. 강남이라는 지역 자체가 가격이다.

사람이 제일 어려운 숙제

나는 한동안 지식산업센터만 분양을 했는데 앞으로는 오피스, 오피스텔, 아파트 사업 등 다양하게 할 생각이다. 돈이 될 만한 건 다 할 것이다. 사실 부동산은 확장성이 강하다. 무리하게 지식산업센터만 고집할게 아니라 수익성 좋은 건 웬만하면 다 하려고 한다. 책을 낼 때의 상황도 첫 책을 낼 때는 지식산업센터의 전문가였지만 두 번째 책을 낼 때는 조금 확장된 전문가로서의 레벨 업된 모습을 보여 주고자 한다. 어차피 돈을 벌기 위해 분양업계에 입문했다. 그래서 빌라도 팔았고 남들이 아파트, 오피스텔에 빠져 있을 때 지식산업센터 영역에 집중하여 성공했다. 그리고 이제는 CEO들을 만나면서 돈이 되는 다른 쪽으로 조금씩 넓혀 가는 것이다.

이제 내가 담당하는 프로젝트의 규모가 엄청 커졌다. 문정동도 규모가 엄청 크다. 그걸 혼자서 판다. 지식산업센터도 종류가 조금씩 다르고 시스템도 차이가 있다. 입지에 따라 업종도 달라진다. 서울 외곽은 물류 관련 업종을 유치한다. 고속도로를 타고 수원이나 지방 쪽 외곽으로 빠지기 좋은 업종들은 서울 외곽에 있는 게 좋다. 반면 IT 관련 업종은 도심 안에 있는 게 좋다. 업종도 서로 맞는 업종이 있고 맞지 않는 업종이 있다. 건물이 하나 지어지면 IT와 제조는 서로 어울릴 수가 없다. 업무 스타일이나 정서적으로 서로 맞지 않는다. 그래서 그렇게 묶는 걸 피해야 한다. 하나에 다 몰아넣는다고 건물값이 올라가는 게 아니다. 이제는 지식산업센터 하나를 분양해도 그런 게 보인다.

누구는 작업복 입고 다니는데 누구는 양복 입고 다니면 건물 안의 분위기가 조화롭지 못하다. 그런 밸런스를 생각해야 한다. 건물의 가치를 올리려면 동종 업종들 위주로 모아 놓아야 한다. 만약 깨끗한 카페에 험상궂은 작업복 스타일의 건설 노동자들이 북적거리면 카페 주인 입장에서는 좋게 보지 않을 것이다. 깡패가 득실대고 사채업자들이 많이 모여 있다면 그 건물의 가치는 올라가기 힘들다. 고객들은 그런 세세한 것까지 모른다. 파는 사람이 세밀해야 한다. 드라이빙 시스템도 좋고, 분리형도 좋지만 기업들이 모여서 일을 할 때 서로 시너지가 되고 건물의 가치가 오르는 방향으로 기획하는 게 좋다. 차가 오르락내리락하는 것도 램프만 두껍게 하지 나머지 철근 두께는 다 똑같다. 주거용은 20cm, 비주거용은 30cm다. 건축법에 그 차이를 분명하게 명시하고 있다. 제조형(하드형)지식산업센터는 철근이 두꺼운게 들어간다. 높은 하중을 필요로 하기 때문이다. 층고는 최대6m까지 있다. 특수층,전략층을 구분해서 분양을 한다.

층을 높이는 것도 함부로 할 수가 없다. 층 하나를 높이면 철근도 더 들어가고 그만큼 비용도 더 들어가서 분양가가 오른다. 그런데 층고를 높이고 철근 더 들어갔다가 분양가에 바로 반영하면 고객에게 팔기 힘들다. 그것 때문에 평당 600이었던 것이 평당 700이 된다면 우리는 내막을 알지만 어떤 고객이 쉽게 납득을 하겠는가. 사실 층고를 강조해서 고객을 유인하기도 한다. 만약 4.2m가 층고라고 하면 천장 두께 30cm를 빼면 3.9m가 된다. 거기서 스프링클러에 배수 지나가는 걸 빼면 3.5m가 된다. 그게 전용 층고다. 이게 마감으로 따지면 가정집의 경우는 2.4m, 상가의 경우는 2.7m다. 층고가 높아지면 난방비도 더 들어간다. 이런 세세한 걸 다 알고 있어야 한다. 그 건물에 대한 박사가 되어야 그 건물을 팔 수 있는 것이다. 그런데 고객에게 팔 때는 그런 세세한 걸 설명해서 층고가 낮아졌다고 얘기하지 않는다. 단지 그 내용에 대해 머릿속에만 넣어놓고 팔 때는 4.2m 층고를 강조해서 판다. 오로지 겉으로 드러난 팩트만 가지고 판다.

　내가 이제 지식산업센터 말고 다른 분양상품 영역으로 움직이려 할 때 같이 갈 만한 직원들은 따로 있다. 그런 직원들이 눈에 보인다. 그런데 새로운 일을 기획할 때 제일 어려운 숙제가 사람 숙제다. 내게 충성할 것 같은 오른팔, 왼팔을 스카우트해도 어느 시점에 가면 그들이 나를 뒤통수 칠 것 같은 예감이 든다. 배신을 몇 번 당하다 보면 그런 감이 생긴다. 원래 세상사라는 게 어떤 상황에 따라 확 달라지기도 한다. 나에게 충성을 다할 것 같은 직원도 몇 년 지나 어떤 인물을 만나거나, 어떤 돈의 유혹에 맞닥뜨리면 어렵지 않게 내 곁을 떠나게 된다. 그렇게 유동적인 게 인생이고 예측 불가능한 삶이 우리의 삶이다. 그걸 인정하면 마음이 조금 편해진다. 배신에 아파하는 게 아니라 '뭐 그럴 수 있지.'라고 생각하고 넘기는 게 좋다.

 아무리 좋은 사람, 좋아 보이는 사람도 시간이 지나면 변할 수 있다. 그런 것에 대한 예측이 필요한데 머리를 그런 일에 집중하려다 보니 머리가 아프다. 지금 내가 오른팔로 함께하고 있는 사람은 한 5명 정도 된다. 그들은 평생 내 밑에서 편하게 일하면서 함께하고 싶어 한다. 냉정하게 얘기해서 너무 커 버리고 너무 많은 것을 알려 주면 나가서 회사를 차려 버리기 때문에 적당한 선에서 조절한다.

지식산업센터 분양 현장 |

유튜버,
너무 쉽게 돈 벌려는 것 같다

요즘 코로나19로 인한 언택트 시대, 비대면 시대다 보니 온라인 유튜브가 더 활성화되는 것 같다. 강의를 하는 사람도 유튜브를 적극적으로 활용하고 학생들도 유튜브 강의에 열중이다. 50대, 60대 아저씨들도 이제는 너도나도 스마트폰으로 유튜브를 본다. 어느덧 동영상의 대세가 유튜브가 된 느낌이 든다. 그러나 나는 이 열기도 2~3년 이상 지속될 것 같지는 않다. 어차피 새로운 것은 계속 나오게 되어 있고, 우리는 또 그 새로운 것에 열광하며 빠져들 테니 말이다. 결국 계속 트렌드를 앞서가지 않으면 순식간에 뒤처질 수밖에 없는 세상이다.

세상은 그렇게 유튜브에 열광하고 있는데 나는 유튜브가 좀 시들하다. 보는 것도 잘 안 보고 내가 한 강의도 유튜브에 담지 않는다. 담더라도 비공개로 한다. 몇 개만 샘플로 오픈했다. 나중에 별도의 유튜브 채널을 만들 생각도 없다. 나는 남들이 우르르 몰려가는 방식이 아닌 나만의 방법을 고수하며 산다. 분양도 남들이 아파트에 열중할 때 나는 그들이 눈

여겨보지 않던 지식산업센터에 집중했다. 나는 예전에 비해 스타일이 조금 바뀐 것 같다. 잘 나가는 CEO들의 성향을 닮아서 너무 많은 것을 오픈할 필요도 없고 그래서 약간은 폐쇄적 스타일로 변해 가는 것 같다.

유튜브를 하는 것도 나쁘지는 않다. 그런데 이런 것들이 한 면만 보고 하는 단편적 스타일 같다. 유튜브를 제대로 만들려면 엄청난 공이 들어간다. 세트장을 만들고, 장비를 깔고, 동영상 편집 프로그램에 능수능란해야 하고, 시간도 많이 든다. 인터뷰하고 녹취하고 그걸 자막으로 만들다 보면 2~3일이 후딱 지나간다. 나는 그게 엄청 스트레스다. 사람 이야기를 듣고 또 듣고, 앵글도 쓰리 앵글 등 다양한 각도로 찍는다. 소비자들이 의식은 조금 더 떨어지고 눈높이는 높아진 느낌이다. 그래서 동영상도 웬만한 퀄리티가 아니면 확 돌려 버린다. 동영상에 머무는 시간이 평균 0.8초라는 데이터도 있다. 내가 그 작업에 그 정도 공을 들여 투자할 가치가 있나 생각한다.

나는 분양 사업장 한 곳 앞에 파라솔 하나 설치하고 일을 하면 그 유튜버들이 버는 돈 이상을 번다. 하루에 한 사람에게만 팔 수도 있지만 그 한 사람에게 천만 원 이상을 팔 수 있다. 단순 비교할 게 아니지만 나는 내가 투자한 시간과 노력에 더 효용성 있는 수익을 생각할 뿐이다. 파라솔만 설치해 놓으면 무엇이라도 무조건 팔 수 있을 것 같은 자신감이 있다. 나는 뭔가를 잘 팔았다. 옛날 고등학교 때도 정력 고구마라는 걸 팔았다. 그냥 고구마인데 내가 파는 고구마를 먹으면 정력이 좋아진다고 꼬셨다. 그렇게 해서 하루에 2박스 이상씩 팔았다. 뭔가 남들과 다른 나만의 방식으로 판다. 20대 때는 동네 운동장에서 각설이 복장을 하고 물건을 팔았던 기억도 있다. 나는 여기저기 지나가는 사람들에게 서슴없이 이야기하고 물건을 파는 기질이 있다.

유튜브로 돈 벌려는 사람 중에도 노력을 많이 하는 사람도 있다는 걸 안다. 그러나 대부분은 쉽게 돈을 벌려고 유튜브로 몰려드는 것 같다. 아마 만 명 중 한 명 정도가 돈을 좀 벌 것이다. 누구에게 간섭 안 받고 자기가 하고 싶은 일을 한다. 편집도 재밌고, 그렇게 올린 영상에 사람들이 관심을 가져 주는 것도 재밌다. 그러나 세상에는 절대 편하게 돈 버는 직업은 없다. 누군가가 책상 앞에 앉아 가만히 있다고 그게 가만히 있는 게 아니다. 그 사람의 머릿속에는 자기가 맡은 일을 어떻게 효율적으로 쳐낼 수 있을지 쥐어 짜내는 중일 것이다. 광고하는 사람도 아이디어 하나를 짜내기 위해 몇 날 며칠 밤을 새운다. 새벽에 일어나 청소하는 사람, 기름때 묻혀 가며 공장 일을 하는 사람, 남자 화장실에 서슴없이 들어가 청소하는 아줌마도 오직 밥벌이를 위한 숭고한 노동을 하는 것이다.

나는 첫 책에서 자기계발, 긍정에 관한 이야기를 했다. 그때는 그런 얘기를 할 수밖에 없었고 그 긍정의 에너지가 세상일에 힘들어하는 나를 일으켜 세워 줬다. 하루하루의 삶이 절박해서 자기계발과 긍정에 매달렸다. 이제는 자기계발에서 조금 졸업한 것 같지만 아직도 인문학 강의를 들으면서 어떻게 살아야 하는지에 대한 고민은 여전히 하고 있다. 그러나 분명히 달라진 것은 있다. 세상이 만만하지 않다는 것, 내가 막 덤빈다고 되는 게 아니라는 것. 아무리 해도 안 되는 현실이 있다는 것을 알게 되었다.

우리 주변에는 그냥 열심히만 사는
사람들이 참 많다

코로나 19 때문에 대한민국이 너무 아프다. 자영업자들은 생계에 위협이 될 정도로 상황이 심각하다. 동네 곳곳에 가게를 내놓는다는 현수막과 공지문이 많이 보인다. 9월, 10월 조금 잦아드는 것 같았는데 다시 거리두기 단계를 높인다고 한다. 아무래도 1년 정도는 이 상황이 계속될 것 같다. 요즘 교회도 힘든 것 같다. 나는 교회를 다니진 않지만 교회의 계열사와 사업도 구상 중이다. 모 교회와 관련된 시행 사업을 진행하는 게 있다.

나는 하루하루 참 열심히 사는 스타일이다. 일도 일이지만 쉴 때도 나름 해야 할 게 많은 사람이다. 예전에는 강의도 했는데 지금은 직원들 교육에만 전념한다. 지식산업센터 영업맨을 키우기 위한 강의도 한다. 그 강의의 한 달 수강료는 500만 원 정도 된다. 겉보기에는 돈을 많이 버는 것 같지만 실상은 준비하는 데 들어가는 비용, 직원들 월급 주는 비용, 플랫폼 만드는 데 드는 비용 등 여기저기 나가는 돈이 많다. 내가 운영하는 법인인 '지산엔'으로 하다가 요즘은 조금 바빠져서 그마저도 조금 손을 놓은 상태다. 그 강의의 콘셉트는 서울대학교 출신이 이론을 강의하고, 《분양의 신》을 쓴 내가 실전 강의를 한다. 이 강의를 들으러 오는 사람들은 사회적으로 성공한 사람들보다 돈 없고 삶이 막막한 사람들이 마지막 동아줄을 잡기 위해서 온다. 이 강의를 듣고 돈을 좀 벌려고 온다. '이 강의가 마지막 승부다.' 하고 오는 것이다. 강의 들으러 온 사람 중에 《분양의 신》을 보고 온 사람도 꽤 있다.

강의를 들으러 온 분들을 보면 사연이 참 많다. 망해서 찾아온 사람들이 제일 불쌍하다. 예전에는 내가 뭘 몰라서 조언도 하고 도와주곤 했는데 지금은 내가 그럴 처지가 아니라는 생각이다. 백종원의 골목식당을 봐도 사람들은 다 똑같다. 하루 벌어 하루 사느라 미래를 준비할 여력이 없다. 전략도 없고 공부할 시간도 없다. 그냥 열심히만 사는 사람들이다. 나도 옛날에는 그렇게 열심히 사는 게 중요하다고 생각했다. 성실이 최고의 무기였다. 그냥 앞만 보고 달려가면 되는 줄 알았다. 그리고 그런 열정을 가진 사람들을 앞에서 조금만 잡아 주면 그들을 성공으로 이끌 수 있을 거라 생각했다.

나는 백종원이라는 사람도 대단해 보인다. 물론 TV에 출연했으니 돈은 넉넉히 벌 것이고 자기 이름으로 나가니 이름도 알리고 좋을 것이다. 그러나 아쉬운 게 없는 금수저 아닌가. 그런 사람이 전략 없이 그저 열심히 사는 사람들의 모습을 보며 안타까워한다. 그리고 여기저기 뛰어

다니면 그들 이상으로 참 열심히 산다. 나는 그게 대단해 보이는 것이다. 전략이 있는 사람이 열심히 살면 그게 더 무섭다. 코로나19로 요식업도 다 망하고 있다. 이럴 때일수록 남들과는 다른 전략이 필요하다. 그냥 열심히만 해서는 안 된다. 학교 다닐 때는 열심히 산다는 게 칭찬받을 일이지만 사회에서는 열심히 살아서 칭찬받는 게 큰 의미가 없다. 열심히 사는 게 아니라 똑똑하게 잘 살아야 한다.

분양업계에 뛰어든 사람들도 그냥 열심히 하겠다고 덤빈 사람이 많다. 그 열정만큼은 박수를 보내고 싶다. 그러나 내가 지산을 어떻게 팔 것이고, 누구를 만나서 팔 것이고, 얼마만큼 팔아서 어느 자리에 올라설 것인지에 대한 목표조차 없는 사람이 너무 많다. 목표가 없으면 목표를 이룰 수 없다. 모르는 분야에 뛰어들 때에는 그 분야에서 뭔가 뚜렷한 목표를 이루어야 한다. 종로에서 30년 동안 장사를 한 낙지집이 문을 닫는다고 한다. 그런데 그다음은 무엇인가. 평소에 준비를 못 해서 다음 대책을 마련하지 못했다. 한 걸음 내딛는 게 중요한 게 아니다. 그다음 걸음도 준비해야 한다. 그리고 어느 방향으로 걸을지도 생각해야 한다. 누울 자리도 봐야 하고 뛸 자리도 봐야 한다. 그런 준비 없이 무턱대고 도전하고, 무조건 열심히 한다는 건 헛심 쓰는 것이다. 기왕 열심히 하는 것이라면 뭔가 목표를 이루어야 하지 않겠는가.

'열심히'라는 단어를 들여다보라. 심장을 뜨겁게 달구는 것이다. 심장을 너무 달구면 몸이 힘들어진다. 열심히 중요한 게 아니라 집중이 중요하다. 될 만한 것에 파고들어야 한다. 젊을 때처럼 실패 좀 하면 어때가 아니다. 그렇게 여유 부릴 때가 아니다. 중년 이후의 도전은 필사적이어야 한다. 밑바닥에서 기어오르는 사람이 멋을 부릴 여유가 어디 있는가.

나는 사람에게 최대한
맞춰 주는 스타일이다

나는 본부장 시절에 사람 만나기 전에 웃는 연습을 한 적이 있다. 고객을 상대할 때 그들에게 비치는 내 모습이 어떤지가 중요했다. 우리가 하는 일이 서비스업이다 보니 고객을 대하는 태도가 아주 중요하다. 친절은 기본이다. 그래서 웃어야 한다. 그리고 중요한 것이 발음이다. 명확하지 않은 발음으로는 누구를 설득할 수가 없다. 내가 하고 싶은 말을 제대로 전달하지 못하는데 어떻게 상대가 설득될 것이라 생각하는가. 그래서 나는 웃는 연습에 더해서 필드에 나가기 전에 발성 연습도 했다. 마치 영화배우 김명민이 젓가락을 물고 발음 연습을 하듯 나도 내가 말하는 게 똑바로 전달되도록 훈련을 한 것이다.

발성 연습은 녹음한 걸 들으면서 한다. 아나운서들이 쓴 책을 보고 차에서 그들이 하던 방식으로 연습을 해 본다. 김명민처럼 볼펜을 물고도 해 봤는데 실제로 효과가 있었다. 예전에는 발음이 부정확했는데 그 연습을 하고 나서는 확실히 나아졌다. 고객을 만날 때는 나의 머리끝에서

부터 발끝까지 다 신뢰를 줘야 한다. 목소리는 특히 중요하다. 입으로 말을 하며 설득해야 하는 게 우리 일이다 보니 더 그렇다. 하나라도 빈틈을 보이지 않으려고 이미지 메이킹도 한다. 그런데 그렇게 꼼꼼하게 준비하는 사람은 많지 않다. 그저 호갱 한 명 잘 만나서 수백만 원 수수료 받아 구멍 난 살림을 메꿀 생각만 한다. 고객을 앞에 두고, 고객과 상담을 하면서 머릿속에 다른 생각 하는 사람들이 의외로 많다. 고객은 분양 상담자를 만나서 큰돈을 투자할 생각을 하는데, 상담자가 고객을 돈으로 생각해서 자기 돈 메꿀 궁리만 한다는 건 죄악이나 다름없다. 그런 자세로 이 바닥에서 절대 일을 하면 안 된다.

나는 CEO들과 함께 수업을 듣는 MBC 아카데미 스피치 과정도 수료했다. 코로나19 때문에 몇 차례 연기하는 우여곡절도 겪었지만 그 과정 역시 말하기에는 도움이 된다. 그런데 사실 그 과정은 말을 잘하려고 등록한 것도 있지만. 지금 내가 만나는 CEO분들은 옛날 분들이 많다. 그래서 모임이 끝나면 잔 돌리기 같은 옛날 문화를 즐긴다. 그리고 술을 드시면 건배사를 꼭 한다. 이걸 어쩔 수 없이 하는 사람도 있고, 즐기는 사람도 있다. 나도 직원들하고 회식할 때 건배사를 하곤 한다. 나는 CEO들과 어울리면서 자신감도 얻고, 비즈니스도 배운다. 이 모임 멤버들은 골프를 치러 자주 나가는데 나갈 때마다 나를 부른다. 강의를 들으러 나가는 날은 매주 화요일이다. 아무리 바빠도 그날만큼은 지키려고 한다.

거기 가서 나의 레벨도 높이고 인맥도 쌓는다. 인맥이 쌓이면 물건을 파는 것도 자연스러워진다. 옛날에는 필드에서 무식하게 영업을 했지만 내가 대표가 되고 나서는 영업 스타일이 조금 달라졌다. 대표 대 대표의 영업방식으로 바뀌었다. 그러다 보니 위축되지 않고 당당하게 거래하는 편이다. 어차피 당신도 나를 필요로 하고, 나도 당신이 필요한 것이다. 서로가 필요에 의해서 만나 거래를 하는 것이니 하청받는 처지라고 생각하며 위축될 필요가 없다. 그래서 영업도 필드 식(현장 위주 영업)과 대표를 만나는 영업도 병행해야 한다. 윗선에서 하는 영업도 중요하고 현장에서 하는 영업도 아직은 중요하다. 사실 영업이라는 게 모르는 사람에게 다가가 설득하는 게 진짜 영업이다. 그 밑바닥 영업을 해야 윗 단계의 영업을 할 수 있다.

모임에서 영업을 하는 건 쉽다. 그래서 더 위험하다. 모임에서 영업을 하다가 소문이 잘못 나면 그 모임에서 퇴출될 수도 있다. 이 사람은 돈 벌려고 이 모임에 왔구나 하는 소문이 퍼지면 바로 잘리는 것이다. 그래서 너무 영업하려고 티 내서도 안 된다. 그래서 나는 모임에 가서 웬만하면 일 얘기를 안 하려고 한다. 그럼에도 그 모임 사람들이 워낙 눈치가 빠른 사람들이라 내 상황을 말도 하기 전에 먼저 안다. 그리고 내가 매너가 있고 모임의 막내다 보니 어느 정도는 이해해 주는 분위기다. 내가 나서기 전에 사람들이 먼저 물어본다. "쟤, 뭐 하는 친구야?" 근데 회사 대표라고 얘기하면 의외로 생각한다. 분양하는 회사의 대표라는 인식은 어느 정도 자리 잡고, 그다음은 신뢰가 쌓이고 그러다 보면 투자 얘기를 하고 그렇게 자연스럽게 나의 영업망에 들어오게 된다. 그렇게 친분을 쌓은 CEO 형님들이 몇 분 있다. 그런 분들은 인간적으로 친하게 지낸다. 그리고 그렇게 친하게 지내야 일도 편하게 이루어진다.

내 스타일은 기본적으로 나랑 맞는다 싶으면 나는 그때부터 최대한 그 사람에 맞춰 준다. 나는 참고 맞춰 주는 습관이 있다. 나에게 술을 강권하거나 자꾸 이상한 것을 부탁하는 사람이 아닌 이상 최대한 맞춰 주며 산다. 그

어느 CEO 모임 술자리에서 |

러니 나를 좋아할 수밖에 없다. 술자리에서도 웬만하면 끝까지 남아 있는 편이다. 술자리 분위기에서도 불편한 게 없으니 편하게 생각하고 좋아한다. 나이 드신 분들은 말씀이 좀 많은 편인데 나는 그분들의 말 역시 재밌게 잘 들어 주는 편이다. 상대를 위해 희생하는 게 몸에 배어 있는 사람이 나다. 양보하고 눈치 봐가면서 희생한다. 너무 희생하는 것도 상대방을 불편하게 할 수 있다. 그래서 정도껏 눈치 봐 가며 맞춰 준다. 그런 게 어느새 체질이 되었다. 시간이 지나고 사람을 한 명 두 명 만나면서 사람을 대하는 나만의 노하우가 생기기 시작한 것이다.

4장

내게는

일보다 돈보다

가족이 더 소중하다는 것

아무리 일이 바빠도 집에는 꼭 들어가야 했다. 술 한 잔 더 하자고 붙잡아도 밤 10시만 넘으면 빨리 귀가하고 싶어 초조해졌다. 주말에는 최대한 가족과 보내려 했다. 물론 돈을 벌어야 했고, 일을 해야 했고 그래서 가족에게 소홀한 시간도 있었다. 그러나 나는 남들보다 그 시간을 줄였다. 후회하고 싶지 않았다. 가족에게 함께하는 시간의 기억을 많이 선물하고 싶었다. 그리고 내가 살아가는 근거가 가족에서 나온다는 것도 알았다.

당신 같은 독사를
내조하는 나도 독사다

　내 아내 이야기를 해 보려고 한다. 아내는 나에게 돈이 없을 때나 돈이 있을 때나 한결같이 내 편이 되어 주고, 의지가 되어 주고 내게 힘을 준 사람이다. 남자가 이 세상에 태어나서 큰돈을 벌고, 명예를 얻고, 권력을 손에 쥐는 것도 중요하지만 여자를 잘 만나 가정에 평화를 주는 것만큼 중요한 게 없다고 본다. 남자가 밑바닥 삶을 살 때 여자들은 남자보다 더 힘들어한다. 삶도 궁색하고 기다림도 지친다. 그걸 묵묵히 견뎌낸 사람이 내 아내다. 내가 분양 업종에서 일하는 사람들답지 않게 가정적인 이유도 다 아내 덕분이다.

　나는 일단 결혼은 엄청 잘한 것 같다. 아내가 술, 담배 자체를 아예 안 하고 굉장히 가정적이다. 밖에 나가서 친구들하고 노는 것도 1년에 한두 번 정도다. 나는 그런 것들이 너무 고맙다. 거의 집안에서 살림만 하고 내조를 잘한다. 뜨개질도 잘하고 소박한 사람이다. 여자들이 가방을 좋아하는데 자기 가방도 크기별로 뜨개질로 만들어서 쓴다. 나름 손재

주가 좀 있는 것 같다. 아내는 나를 독사라고 표현한다. 매사 무슨 일이든 빠르고 잘 처리하니까 그런 것 같다. 나는 상황파악이 빠르고 그 상황에 대한 판단과 행동의 실행에 흔들림이 없는 편이다 감정적인 문제에 흔들리지 않고 이성적으로 최우선 득실을 따져 칼같이 결정할 때가 많다. 매사 조심스럽고 신중한 아내가 결정을 하지 못할 때 빠른 판단과 행동으로 결정을 해주고 만족스러운 결과를 안겨주곤 한다. 그런 일상의 모습에서도 독사 같다고 느꼈나 보다.

아내는 나에게 독사라고 하면서 그런 독사를 내조하는 게 아무나 할 수 있는 게 아니라고 얘기한다. 뭐 틀린 말은 아닌 것 같다. 세계를 정복한 칭기즈 칸의 뒤에도, 철학가로 성인 반열에 오른 소크라테스 형도 뒤에는 아내가 있었다. 사실 세상 모든 대장의 뒤에는 소리 없이 그들을 지휘하는 사람이 있다. 명예는 대장이 다 누리지만 그 대장의 뒤에서 그를 지지하고 밀어주는 여자들이 없었다면 그게 가능했을까. 내가 보기에 아내는 참 지혜로운 편이고 굉장히 논리적이다. 애들 가르칠 때도 나까지 찔리는 말을 툭툭 잘 내뱉는다. 어쩌면 모범답안 같은 사람인지도 모른다. 아이들에게 뭘 가르치고 있는데 만약 내가 옆에서 끼어든다면 "아이고~~" 이러면서 한숨을 쉰다.

아내는 국어국문학과를 나왔다. 영어는 부전공이다. 출산하기 한 달 전까지 영어 선생님도 했다. 큰아이 임신 8개월 차에 그만두었다. 요즘은 틈틈이 가정을 돌보는데 지장이 없는 선에서 일을 하는 것 같다. 남들은 부부를 남이라고 얘기하는데 나는 우리 부부를 하나라고 생각한다. 그냥 아내와 나는 하나다. 그래서 내가 가진 전부를 아내에게 다 준다. 돈 관리도 아내가 다 한다. 그렇다고 일반적인 여자들처럼 돈을 막 굴리면서 재테크를 하지는 않는다. 남편이 부동산 일을 하는데도 재테크에는 관심이 없다. 나는 아내에게 오피스텔도 사 주고, 수익이 생기는 것도 전부 아내 통장으로 넣는다. 워낙 아껴서 잘 쓰는 사람이기에 통장에 있는 돈은 자기가 알아서 쓰게 하고 있다. 아내는 더 큰 집으로 이사 가자는 얘기도 잘 안 한다. 지금처럼만 살았으면 좋겠다고 한다. 나도 그게 행복이라고 생각한다.

나는 술을 자주 마시는 편이다. 아내는 속이 쓰린 나에게 아침마다 해독주스를 만들어 준다. 그걸 4년째 마시고 있는데 속이 괜찮은 것 같다. 아침마다 화장실도 잘 간다. 사람도 속을 잘 비워야 건강한 법이다. 속을 비워야 새로운 걸 채워 넣을 수 있다. 어떻게 사는 게 건강한 삶인지도 아내 덕에 잘 알고 있다. 남자들이 못 견디는 것 중 하나가 아내의 잔소리라고 하는데 나는 나름 아내의 말을 잘 듣는 편이다. 물론 이 글을 읽으면서 아내가 입을 비쭉 내밀지도 모른다. 내 기준에서 그렇다는 얘기니까. 나는 앞으로도 아내와 지금처럼 가정을 챙기며 살고 싶다. 아무리 일이 바쁘고 돈이 중요하다고 하지만 내 아내, 내 아이만큼 소중하지는 않다. 대부분 사람이 젊은 시절 너무 일만 하다가 가족과 함께 보내지 못한 시간을 아쉬워한다. 나는 그런 아쉬움을 미리 만들고 싶지 않다.

책의 힘이 중요하다는 걸
너무나 잘 알기에

최근에 꽤 두꺼운 《유혹의 기술》이라는 책을 봤다. 1장에 클레오파트라에 관한 이야기가 나오는데 여자들도 나름 남자들에게 예쁘게 보이려고 엄청나게 자기 관리를 한다는 것이다. 그 여자들은 심지어 집안에서도 남편에게 잘 보이려고 관리를 철저하게 한다는 것이다. 그게 쉽지 않을 텐데 엄청 노력을 하면서 긴장의 끈을 놓치지 않는 것이다. 그러니 세상의 남자들이 안 좋아할 수 없지 않은가. 클레오파트라, 양귀비, 오드리 헵번 등도 다 그런 사람들이다.

요즘 난 예전에 비해서 다양한 책을 읽는 편이다. 예전에는 자기계발이나 경제, 경영 서적을 주로 읽었는데 요즘은 인문학 서적도 좀 보는 편이다. 원래 돈과 관계없는 책은 잘 안 보는 편인데 그래도 주식 관련 책은 아예 쳐다보지 않는다. 시리즈 책은 삼국지를 봤는데 거의 한 달간 붙잡고 있었던 것 같다. 나는 요즘도 아침에 독서를 하는 편이고 차 안에서는 오디오북을 듣곤 한다. 전자책도 다운로드해서 틈나는 대로 읽는다. 사람들을 보면 책을 보는 사람과 책을 안 보는 사람으로 나뉘는 것 같다. 나는 책을 안 보는 사람에게 굳이 책을 보라고 권하지 않는다. 그들이 책을 보고 깨달아 버리면 내게는 경쟁자가 생기는 것이다. 나는 책이라는 것이 레벨 업의 좋은 도구라고 생각한다. 그런데 그걸 포기하는 사람들에게 굳이 강요하고 싶지 않은 것이다.

출발이 같은 사람이 있다고 치자. 이 사람 중에 책을 읽는 사람과 그렇지 않은 사람의 차이는 나중에 확 벌어진다. 만일 내가 같은 출발선에 있는데 옆에 있는 사람이 나처럼 책을 보고 깨달아 간다면 그만큼 이 세상에서 내 몫이 줄어든다고 생각한다. 그래서 책을 안 읽는 사람들은 그냥 그렇게 사는 게 낫다고 생각하는 것이다. 책이 엄청난 무기인데 그걸 여러 사람하고 공유하고 싶지 않은 것이다. 나이가 들면 그 사람들도 책은 볼 것이다. 그렇게 죽음이 다가올 때쯤 되면 살면서 책을 좀 더 많이 읽을 걸 하며 후회할 것이다. 나는 그만큼 책의 힘을 신봉하는 사람이다. 나는 책을 안 읽으면 엄청 스트레스를 받는다. 왠지 뒤처지는 느낌이 들기 때문에 더 그런 것 같다. 삶이라는 게 책하고 연결되어 있고 책이 지렛대가 된다. 난 책을 통해서 많이 배우고 성장한다.

나는 영업할 때 소크라테스의 산파대화법을 쓴다. 요즘 나훈아가 테스 형을 외치고 있지만 실상 내가 그 테스 형의 가치를 먼저 실생활에 써먹고 있었던 것이다. 소크라테스의 엄마는 애를 받아 주는 산파였다. 애를 받아줄 때는 계속 말을 걸어야 한다. 너무 고통스러운 상황이지만 산

모와 대화를 나누며 다 끝나 간다고 힘을 준다. 소크라테스도 그 엄마의 대화법을 보며 영향을 받은 것이다. 사실 소크라테스는 철학 쪽으로 성인의 반열이지만 가정적으로 거의 망나니나 다름없다. 아내와 매일 싸우고 집에 돈 한번 안 가져다주는 백수다. 평생 백수로 산 사람이 소크라테스다. 플라톤의 대화 편은 소크라테스의 제자인 플라톤이 쓴 책이다. 그 대화법의 수준이 상당히 높다. 소크라테스의 제자가 쓴 책인데 소크라테스의 대화법 노하우가 다 담겨 있다. 그 대화법을 영업할 때 써먹으면 나름대로 효과도 있다.

대화를 통해 상대방이 스스로 깨달음을 얻는 것인데 분양상담사들은 고객과 대화를 하면서 왜 지금 미래를 위해 분양을 받아야 하는지를 고객에게 깨달음을 주면 좋을 것이다.

분양 사업 분야의 영업사원들이 저지르는 가장 큰 문제가 고객 앞에서 혼자 떠들다 가는 것이다. 서로 주고받고 그들이 원하는 것을 찾아가야 하는데 혼자 떠들다 보면 고객의 마음을 절대 잡아낼 수가 없다. 고객의 속마음을 알고 그들이 뱉은 말을 책임지게 만들어야 하는데 영업사원 혼자서 좋다, 좋다 하면 어떤 고객이 설득되겠는가. 듣는 사람 입장에서는 자기 얘기는 눌려 있고 그러다 보면 마음속에서 뭔가 일어나지 않는다. 소크라테스의 대화법을 영업에 적용한다면 상대의 마음을 읽는 데 아주 유용하다는 점이다. 질문을 하고 그들의 속마음을 읽어내는 최고의 방법이다. 책을 읽는다는 것은 이렇게 실생활에 써먹고 적용할 수 있어야 한다. 나는 그게 제대로 된 독서법이라고 본다. 남 앞에서 자랑하려고 하는 독서는 독서가 아니다. 독서는 나의 내면을 성장시키고 실제 생활에서 나의 외면을 업그레이드해 줘야 한다. 그런 목적이 아닌 그저 잘난 척하기 위한 독서는 차라리 안 하는 게 좋다. 그런 의미에서 나의 독서는 철저히 실용적이라 할 수 있을 것 같다.

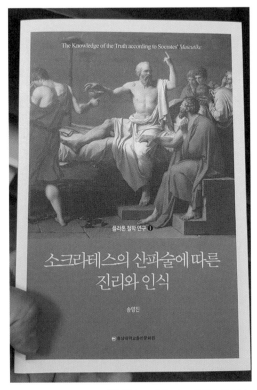

최근에 읽고 있는 소크라테스의 책 |

55세 이후에는
돈이 돈을 버는 나이

사업을 하고 돈을 벌다 보니 돈을 벌기 위해 일을 해야 할 나이가 보인다. 소위 말해 은퇴할 나이 말이다. 돈이라는 게 벌려고 애쓴다고 벌어지는 게 아니다. 특히 나이 들어서 돈을 벌려고 하면 몸도 따르지 않고 판단도 흐려진다. 50세, 60세까지 돈을 모으지 못한 사람이 생계를 위해서 뭔가를 해야 한다는 건 말 그대로 사투, 처절한 싸움이 된다. 50세에 퇴직을 하면서 받은 돈으로 가게를 하나 차렸다고 하자. 그 가게를 위해 절박하게 몇 년간 준비를 한 사람도 겨우 생존할까 말까인데 그냥 남들이 한다고 덤벼들었다면 망하기 십상이다. 제아무리 백종원 할아버지가 도와준다고 해도 돈 벌기 힘들다고 본다. 그래서 나는 나에게도 경고하고, 이 세상에도 경고할 만한 이야기를 하고자 한다.

코로나19로 세상이 힘들다고 하지만 힘든 건 누구나 똑같다. 나만 힘든 게 아니다. 그렇다면 같은 출발선이라고 보고 내가 지금 무엇을 준비해야 하는지 정확하게 바라보아야 한다. 만약 나이가 40세라면 10년,

15년 안에 승부를 걸지 않으면 돈에 끌려다니는 처절한 인생이 된다. 돈의 주인이 아니라 돈이 노예로 노년을 우울하게 보내게 된다. 40세에게 15년 후라면 55세가 된다. 55세 이후에 돈을 번다는 건 희박하다. 40세 이전에 버는 돈은 어차피 벌어봐야 다 쓰게 되어 있다. 그들은 그 돈을 지킬 능력이 안 된다. 폼 재다가 모은 돈 다 나가게 되어 있다. 그리고 세상은 그런 사람의 돈을 호시탐탐 노리고 빼갈 궁리만 열심히 한다. 그 유혹을 넘어서야 진정한 내 돈이 된다. 자기가 번 돈을 지킬 능력이 되어야 한다는 것이다. 기껏 힘들게 벌었는데 쉽게 써서는 안 된다는 것이다.

지금 40대는 가장 일을 많이 하고, 가장 돈을 많이 버는 세대이다. 나는 인생의 클라이맥스가 바로 40대라고 본다. 그 시기에 돈을 굴리지 못하는 사람이라면 평생 큰돈을 만지기 힘들다. 인생 후반전에 아주 힘든 밑바닥 인생을 살 가능성이 크다. 내가 돈이 없는데 내 아들이 돈이 있을 가능성도 크지 않다. 흙수저에서 금수저로 도약하는 것도 예전만큼 쉽지 않은 세상이 되었다. 그들만의 세상은 장벽이 더 굳건해 지고 있는 것이다. 나이 55세까지 벌고 지킨 돈, 그 돈이 그 사람의 진짜 돈이라고 생각한다. 나이 55세 넘어가면 세상이 그 사람에게 투자를 안한다. 일도 안 들어오고 돈도 안 들어온다. 그래서 그 사람이 살아갈 방법은 그 나이까지 번 돈으로 일해야 하는 것이다. 그 돈을 일하게 해야 하는 것이다. 나는 그냥 하루하루 사는 걸 얘기하는 게 아니다. 당신이 55세 이후 큰돈, 뭉칫돈을 벌 수 있느냐 없느냐를 얘기하는 것이다.

나는 실질적인 은퇴 나이를 55세로 보는 것이다. 55세 이후에는 노동을 해서 돈을 버는 것이 아니라 돈이 노동을 하게 해야 하는 시기다. 지금 내가 만나는 돈 많은 CEO분들도 일을 많이 하지 않는다. 그런데도 그들은 여유롭다. 이유는 자신들이 돈이 어딘가에서 일을 하며 돈을 벌고 있기 때문이다. 그들의 돈은 주식 시장에서 일을 하고, 부동산 현장을 누비고 다닌다. 본인들은 그저 마음에 드는 사람들과 골프를 치거나 식사를 즐긴다. 돈은 벌 수 있을 때 열심히 벌고, 나이 들어서는 그렇게 번 돈에게 일을 맡기고 자기는 쉬는 것이다.

돈 있는 그들이 그렇게 산다면 우리라고 못 할 것 없지 않은가. 20대, 30대들에게 이런 이야기 하면 씨알도 안 먹힌다. 번 돈을 쓰기 바쁘니까. 요즘 MZ세대라고 가성비 높은 투자를 생각하는 젊은이들도 있지만, 그들도 사실은 명확한 목표가 있어서 투자를 하는 게 아니라 그저 쉽게 돈을 버는 자세로 주식시장에 단타 매매를 한다. 깨어 있는 20대 30대라면 그 시기부터 돈을 모아 남들보다 빨리 돈을 일하게 하면 된다. 그러면 40대에도 50대 이상의 갑부들처럼 여유롭게 살 수 있다. 자기 삶의 여유는 자기가 어릴 때 얼마나 치열하게 살았는가에 달려 있다. 고진감래는 고리타분한 사자성어가 아니다. 정말 눈앞에 힘든 일을 참아 돈을 벌어 놓으면 남들보다 빠르게 한숨 돌리고 그 힘든 날을 회상하며 여유를 부릴 수 있다. 독자 여러분처럼 평범하고 가난했던 내가 이룬 그림들이다. 내가 했다면 여러분들도 충분히 할 수 있다.

책을 쓰고 싶어서
책 쓰기 강좌도 듣고

책을 쓰고 싶었다. 내 살아간 이야기를 책으로 남기고 싶었다. 그러나 내게는 글재주가 없었다. 그래도 하고 싶은 건 해야 했다. 그래서 책 쓰기 강좌를 찾아보게 되었다. 유튜브로 강의도 들었고 책도 사 보았다. 직접 강의를 듣기 위해서 성공책 쓰기 플러스 1기를 신청했다. 그 강의를 듣고 내 안에 숨겨진 글쓰기의 본능이 튀어나오는 걸 느꼈다. 그 본능을 잘 다독여서 첫 책인 《분양의 신》을 썼다. 무슨 일이든 한번 해 보면 그다음은 쉽다. 그래서 안 해 본 일을 할 때는 최초의 순간이 가장 중요하다. 그 첫걸음만 잘 떼면 그다음 단계로 업그레이드하는 건 시간도 그렇게 오래 걸리지 않는다.

나는 세일즈나 자기계발 위주로 책을 보았다. 그 책에 빠져들면서 그 책에 나온 기술을 조금씩 내 것으로 만들었고 급기야는 그들처럼 나도 책을 써야겠다는 욕심을 갖게 된 것이다. 강남에는 분야별로 강의하는 게 맞다. 2시간짜리 강의, 3시간짜리 강의들은 3만 원, 5만 원, 10만 원씩 내면서 듣는다. 소액으로 꽤 괜찮은 강의를 듣는다. 그 강의 중에도 책 쓰는 방법 강의도 있고, 말하는 방법, 발성 연습하는 방법, 온라인 마케팅하는 방법, 유튜브를 비롯한 SNS를 하는 방법 등을 배울 수 있다. 나는 그 강의를 단순히 내 개인의 취미로 듣는 게 아니라 고객을 만났을 때 직접 써먹으려고 듣는다.

나는 그 강의를 듣기 위해 오토바이로 여기저기를 다녔다. 일이 끝난 후 밤마다 그 강의를 들으러 다녔다. 강남을 차를 가지고 다니기 힘든 곳이라 오히려 오토바이가 더 편했다. 그래서 스쿠터를 샀고 한겨울에도 그걸 타고 다녔다. 강남은 주차비도 비싼데 오토바이는 주차도 편하고 이동도 쉬운 편이었다. 추운 것만 빼고는 괜찮았다. 밤마다 강의를 들었다. 내 능력은 절대 하늘에서 내려온 게 아니다. 찬바람을 참아가며 강의를 듣고 내게 필요한 능력과 기술을 키웠다.

어느 날 서점에 갔는데 책 쓰는 책이 보였다. 책 쓰는 방법에 대해서 쓴 책인데 물론 그걸 읽는다고 바로 책을 쓰는 건 아니지만 그 책도 2권을 봤다. 저자가 그런 분야의 책을 많이 쓴 꽤 유명한 송숙희라는 작가였다. 그 책을 보고 그 사람이 강의하는 곳을 찾아가서 학원에 등록했다. 그 학원도 마침 강남에 있었다. 나는 내가 버는 돈의 20%는 강의를 듣거나 책을 사서 보는 등 자기계발에 썼다. 나에게 나름 투자를 많이 한 셈이다.

부동산에 재미를 붙인 이유는
돈을 많이 벌기 때문

　어머니는 나를 열아홉에 낳으셨다. 지금 1959년생이시니 아직 젊으신 편이다. 어머니랑 나이 차이도 얼마 나지 않는다. 이게 과학적으로 검증된 이야기는 아니지만 어머니가 젊은 나이에 나를 낳으셔서 그런지 내가 좀 똑똑한 것 같다. 여자가 젊은 나이에 아이를 낳으면 아들이 똑똑하다는 얘기를 어디선가 들었던 것 같다. 나는 참 건강하고 똑똑하게 컸다. 유전자가 건강해서 그런 것 같았다. 덕분에 잔병치레도 별로 안 했다. 머리를 똑똑했지만 공부는 하기 싫어서 학교도 잘 안 다녔다. 한양공업고등학교 전자과를 나왔는데 학교에 잘 안 가고 소위 말해 땡땡이를 많이 쳤다. 아마 마음먹고 공부를 했으면 잘했을 텐데 그때 당시에는 공부가 참 하기 싫었다.

　공부해야 할 시기에 공부를 못 하면 나이가 들어 다시 공부하고 싶은 갈증이 생긴다. 다 그런 건 아니지만 내 경우는 그랬다. 그래서 철없을 때 못했던 공부를 늦은 나이에 하게 되는데 그 공부가 갈증이 나서 생긴 공부라서 그런지 그렇게 좋을 수가 없다. 늦게 배운 도둑질이 날 새는 줄 모른다고 늦게 배운 공부, 배우고 터득하고 알고 써먹는 그 공부가 너무 재밌었다. 재밌으니 자연스럽게 공부에 파고들고 더욱 열심히 하게 되는 것 같았다. 그리고 그렇게 배운 공부로 돈까지 벌게 되니 얼마나 좋은가.

내가 하는 일이 부동산 관련 분야다 보니 부동산 공부도 참 많이 했다. 나는 책으로 공부한 게 많은데 그래서 부동산 관련 책도 많이 읽었다. 매일경제신문, 한국경제신문 등에 나온 부동산 트렌드도 다 꼼꼼히 찾아서 봤다. 내 경험과 이론이 합쳐지니 시너지 효과가 대단했다. 부동산의 이론부터 실무에 이르기까지 공부에 대한 열정이 더해져 하나씩 나만의 지식과 노하우로 축적이 되어 갔다. 나는 적극적이고 능동적인 사람이다. 내가 필요한 것은 찾아서 보고 그래서 강의도 어디가 좋은지 꼼꼼히 검색하고 나에게 좋은 강의라면 어디라도 쫓아가서 듣는다. 그리고 그런 강의들이 내 돈벌이로 연결되는 지식이라 너무 재밌었다.

내가 상대하는 고객은 아파트 한두 채, 오피스텔 서너 개를 사는 사람들이 아니다. 집을 사도 보통 20채 정도는 살 수 있는 사람들을 상대로 한다. 그런 사람은 개인으로도 사고 회사 법인으로도 산다. 어느 날 직원이 당직을 서고 있는데 고객 한 명이 사무실에 들어왔다. 렌털Rental 관련 사업을 하는 사람인데 그 사람이 필요한 평수가 800평이었다. 그때 그 고객을 상대로 60억을 팔고 수수료 1억을 받았다. 그 직원이 그때 68년생이었는데 10년 전 이야기니 나이가 50세 정도였을 것이다.

그 직원은 그 돈을 받고 바로 그만두었다.

우리가 파는 규모가 대략 그 정도다. 50억을 팔 수도 있고 100억을 팔 수도 있다. 내가 제일 많이 팔아 본 게 한 사람한테 130억까지 팔아 봤다. 나는 그런 인연들이 꽤 있다. 그리고 아직도 그분과는 형, 동생으로 지낸다. 그분이 얼마 전에 팔당에 투썸플레이스를 오픈했다. 2층짜리 건물인데 자기 땅에 올린 것이다. 투썸에 의뢰하고 투썸이 설계해서 10년을 계약해 자기가 직접 지었다. 돈이 아쉬울 게 없는 그런 분들에게도 나는 두 배 이상의 수익을 안겨 주었다. 내게 너무 고마워했다.

결정적인 것은 내가 판매하는 상품을 고객들이 사면 90% 이상이 수익을 낸다. 나는 상품 가치가 있는 걸 팔고 그분들은 나를 통해 자산을 증식한다. 나는 줄곧 지식산업센터를 팔았는데 이게 최근 들어 공급량이 많다 보니 수익이 줄었다. 비록 조금 주춤하고 있지만 여전히 지식산업센터는 부동산 업계에서 신상품이나 다름없다. 갈 곳 없는 투자자들이 신상품에 몰리는 건 당연한 일이다. 서울에 지자체가 25개인데 25개 중에 아파트 없는 동네가 없다. 그런데 지식산업센터가 있는 곳은 9개의 지자체뿐이다. 25개 중에 9곳만 들어간다. 그 9곳이 금천구, 구로구, 영등포구, 양천구, 강서구, 성동구, 송파구, 중랑구, 강남구 등이다. 이 9곳이 전부다.

송파 쪽도 동부지방법원, 검찰청이 이전하면서 정부에서 땅을 수용해 그 땅에 지식산업센터를 짓도록 허용했다. 서울의 나머지 땅에는 짓고 싶어도 못 짓는다. 동네가 살아나려면 기업이 들어와야 한다. 강남의 땅값이 비싼 이유가 대기업들이 다 그곳에 몰려 있기 때문이다. 돈이 다 모여 있고 사람들이 다 모여 있으니 땅값이 비싸다. 강남구도 정부에서 돈을 받아야 움직이지 자체적으로 움직이지는 않는다. 동탄에 지식산업센터가 들어간 것도 그곳에 대기업 삼성이 있기 때문이다. 돈이 있기 때문이다. 사실 기업이 많아야 잘 사는 건데 서울은 서울에서 한때 제일 못사는 축에 들어가는 금천구에 지식산업센터가 있다. 금천구도 지금은 기업들이 들어온 이후로 많이 좋아졌다. 금천구청만 가 봐도 좋아진 게 느껴질 정도다. 기업들이 들어온 이후로 많이 잘 사는 동네가 되었다. 가리봉동, 독산동 등도 기업이 들어오면서 동네가 몰라보게 좋아졌다. 이름도 가리봉이라 안 하고 가산디지털단지라고 한다.

나는 안양, 과천의 인덕원 쪽에서도 지식산업센터를 분양했다. 인덕원 IT밸리라는 곳에서 본부장으로 2년 정도 일했다. 거기서도 많이 팔았다. 나는 쉬지 않고 일하는 스타일이다. 영업을 할 때는 쉰 적이 별로 없다. 지금은 식구들과 같이 시간을 보내려고 하지만 그때는 그렇게 못했다. 그래서 불만이 많았다. 워낙 없었기 때문에 악착같이 벌어야 했다. 물 들어왔을 때 노 저어야 하는 상황이었다. 지금은 조금 안정이 되어서 가족하고 보내는 시간도 많이 갖고 있다. 이런 고마운 시간을 갖기 위해 나는 참 열심히 일했다. 그리고 돈이 되는 부동산 분야에서 악착같이 벌었다. 공부하면서 벌었다. 그런데 공부와 일, 공부와 돈이 연결되니 그렇게 재미있을 수가 없었다. 나는 여러분들도 그 재미를 한번 느껴봤으면 좋겠다는 생각이다. 그 맛을 한번 느끼면 멀지 않은 시기에 여러분도 잘살게 될 것이다.

처가와 본가 이야기

    살면서 삶의 목표는 조금씩 바뀌고 있다. 크게 경로를 바꾸지는 않지만 내가 나이를 먹고 상황이 바뀌면서 목표의 궤도를 조금씩 수정한다. 2021년 내 삶의 목표는 나 자신보다 가족 특히 아이에게 초점이 맞춰진다. 나는 내 아이를 출발선 조금 앞쪽에 놓고 싶다. 인생이 100m 달리기라면 20m나 30m 앞에서 출발할 수 있는 여유를 주고 싶다. 내가 좋은 거 덜 먹고, 덜 사 입고, 좋은 차 덜 타면서 비축해 놓았다가 아이의 교육에 쏟으려고 한다. 이 돈은 아빠가 이렇게 모은 돈이고 이 돈으로 친구들 잘 사귀고 열심히 공부하면서 살라고 말하고 싶다. 나는 가족에게 집중하고 아이들에게 집중하기 위해서 가족과 함께할 수 있는 시간에 초, 중, 고 친구들은 물론 군대 친구도 만나지 않는다. 내가 생활하는 모습을 보며 나의 아이들도 무엇이 중요한지, 무엇이 우선인지 배울 수 있기를 바란다.

    아내도 나도 금수저는 아니다. 오히려 부모님을 챙기며 스스로 책임지며 살아온 흙수저에 가깝다. 그러나 양쪽 집안 모두 가정의 화목이 가장 중요하다고 항상 말씀하신다. 항상 긍정적이고 밝으신 장모님은 늘 아내에게 "우리 사위 힘든데 잘 챙겨줘라." 하고 사위에게 힘을 실어 주신다. 말씀은 별로 없으시지만, 장모님이 마음으로 응원하신다는 걸 나는 잘 알고 있다.

아내에게 오빠가 있는데 아직 미혼이다. 아내는 오빠가 혼자 지내는 모습을 보고 조금은 안타까워하는 것 같다. 오빠도 가정을 꾸려 안정적으로 살아가는 모습을 바라서일 것이다. 장모님께서도 사위와 딸이 열심히 사는 모습을 보며 괜스레 아들을 타박하곤 하신다. 아들과 동갑인 사위는 가정을 제법 잘 꾸리며 재미있게 사는 것 같은데 너는 뭐하냐는 식이다. 그렇다고 처남이 그 상황을 많이 기분 나빠하는 것 같지도 않다. 성격이 워낙 온순한 사람이라서 그렇다. 결혼이 늦어지고 있고 요즘 사람들 대부분 결혼이 늦으니 뭐라 할 것도 아니다. 결혼 생각도 별로 없는 것 같다.

장인 어르신은 군인 출신의 엄하신 분이라 자식들을 카리스마 있게 가르치셨다. 나의 아내가 모범답안 같은 사람인 이유가 여기에 있지 않을까 싶다. 책도 여러 권 쓰셨으며 중령으로 예편하셨고, 그 후에는 미군 부대 안에 민사 처장으로 정년 퇴임 시까지 일하셨다. 영어를 잘하셔서 88서울올림픽 때 의전 장교로 통역도 하시고 미군 부대 안에서 미군들에게 한국어도 가르치셨다고 한다. 퇴임 후에는 제빵에도 도전하시고 여전히 열정적이신 것 같다.

지금의 장인어른은 나를 좋아하신다. 아내와 결혼하기 전에 인사드리러 갔는데 그때 아버님은 별 볼 일 없는 나에게 이렇게 말했다. 여자를 단순히 호기심이나 성적 상대로 만나지 말고, 그런 마음으로 결혼 상대를 찾아서도 안 된다고 하셨다. 단순히 여자에게 홀려서 만나면 안 된다는 취지의 말씀이셨다. 지금은 웃으며 말할 수 있지만, 아내도 나도 많이 당황했었다.

그때 당시 하는 일도 잘 안되는 불안 불안한 사위에게 딸을 줬는데 지금은 완전히 딴판이 되어서 너무 잘살고 있고 내가 돈을 좀 벌고 여유가 생기면서 처가에 훨씬 더 잘해드릴 수 있게 되었으니 결혼 전과 대우가 많이 달라졌다. 장인어른은 6년 전 아너소사이어티에 900호 회원으로 가입하셨다. '아너소사이어티'는 1억 원 이상 고액기부자 클럽이다. 금전적인 여유가 있는 분이 아닌데도 그렇게 하셨다. 나눔의 삶을 실천하면서 살아가는 것이 돈을 의미 있게 쓰는 일이라 하셨다. 하지만 장인어른은 처남에게 학비를 스스로 해결하게 하셨다고 한다. 아들을 강하게 키우고 싶으셨나 보다. 그래서 대학교에 다니며 일을 해야만 했던 처남은 그때 베트남 쌀국수 가게에서 일하면서 레시피를 배워서 지금은 혼자 쌀국수 가게를 운영하고 있다. 어려운 사람들을 위해 기부하는 것과는 별개로 자식에게는 조금 매정하다는 생각이 들기도 한다.

나의 어머니는 내가 세상에서 가장 잘난 사람이라고 생각하시는 분이다. 늘 최고라고 말씀해 주시는 어머니의 전폭적인 지지에 난 그때만큼은 정말 내가 세상에서 가장 멋진 사람이 되는 것 같다. 당신은 배운 게 없어 힘들게 살았지만, 아들만큼은 그렇게 살게 할 수 없다며 내가 하고 싶은 건 다 하게 해 주셨다. 어머니의 조건 없는 사랑 덕분에 지금의 내가 있는 것 같다. 날 최고라고 생각하는 어머니와 항상 내 편인 나의 아내는 고부 사이도 제법 좋은 편이다.

지난 2020년 6월 1일에 친할머니가 95세에 돌아가셨는데 장남이신 아버지 대신 장손인 내가 상주를 했다. 그해 9월에 외할머니가 또 아프셨다. 그래서 어머니를 모시고 전남 화순의 외가를 오고 갔던 기억이 난다. 지금은 몸이 좋지 않으신 아버지를 대신해 상주도 하고 본가의 가장 노릇을 하며 많은 생각이 들었다. 사형제 중 장남이셨던 아버지는 젊은 시절 몸을 사리지 않고 가족을 위해 정말 열심히 사셨다. 묵묵히 걸어오셨던 아버지의 성실함과 가족을 생각하는 마음가짐을 내가 물려받지 않았나 싶다. 늘 살기 바빴던 아버지와 함께했던 기억이 별로 없어서 살가운 부자지간은 아니었지만 내가 그 무게감을 짊어지고 사는 가장이 되고 나니 아버지의 삶의 무게가 느껴지는 것 같다.

나는 어렸을 때 매일 사고만 치고 다녔던 골치투성이였는데 지금은 아주 잘 살고 있으니 기특하게 생각하실 것이다. 결국, 자식이 부모에게 하는 가장 큰 효는 가정을 꾸리고 잘 사는 모습을 보여 주는 것이다. 조금 쓰라린 얘기겠지만 돈을 잘 못 벌면 세상의 모든 자식은 불효자가 된다.

결혼하면 알게 모르게 챙겨야 할 것들이 많다. 친가, 외가, 처가 다 챙겨야 한다. 금수저들은 성인이 된 이후에도 부모님 도움을 받아 편하게 사는지 모르겠지만 지극히 평범한 가정에서 태어난 나는 부모님을 챙기며 살아간다. 어린 시절 사랑받을 만큼 받았으니 스스로 일어나 내 힘으로 부모님을 챙기는 것도 떳떳하고 좋다. 사람이 돈을 잘 버는 것도 중요하지만 가정을 챙기는 것도 중요하다. 우리가 무엇을 위해 돈을 버는가.

사랑하는 가족과 행복하게 살기 위함이 아닌가. 나는 이렇게 책에 한 줄로 정리하면서 내가 자칫 잃어버리기 쉬운 본질을 다시금 챙기려고 한다. 살아가면서 참 많은 사람이 그 본질을 망각하고 산다. 그런 사람들을 많이 보다 보니 나만큼은 그렇게 살지 말자고 다짐을 하는 것이다.

나는 강하게 밀어붙이는 스타일

나는 영업을 할 때 담판을 짓는 나만의 포인트라는 게 있다. 고객에게 부담스러운 요구를 강하게 밀어붙이는 게 나름 원칙 중의 하나이다. 고객과 계약을 이끌어 내는 클로징 단계에서 이런 원칙을 고수한다. 나에게 고객이 찾아오면 그 고객이 반드시 계약하도록 해야 한다. 그 고객에게 돈을 받지 못하면 나는 부자가 될 수 없다. 지금은 영업보다 다른 일을 많이 신경 쓰는 대표의 자리에 있지만 예전 영업에 목숨을 걸던 본부장 시절에는 '이 고객을 못 잡으면 나는 끝장이다.'라는 각오로 덤볐다. 그런 절박함이 지금의 나를 만들었다. 그리고 그 절박함으로 다져진 영업 원칙들이 자연스럽게 내 몸에 배어서 그때처럼 영업을 열심히 하지는 않아도 고객을 만나게 되면 순간적으로 그 원칙을 그대로 적용하고는 한다.

나는 고객을 만나기 전에 그 고객에게 반드시 살 수밖에 없는 스토리를 만들어 놓는다. 이 물건이 정말 좋아서 지금 안 사면 후회할 수밖에 없다고 얘기한다. 강하게 밀어붙이려는 건 어느 정도 관심을 갖고 나를 찾은 고객에게 확신을 심어 주는 것이다. 파는 사람이 확신이 없으면 사는 사람도 확신이 안 드는 법이다. 내가 확신을 가지고 밀어붙이면 나를 찾아 능동적인 발걸음을 한 고객은 그 순간 확신을 가지고 도장을 찍을 수밖에 없다. 이 원칙은 '살까, 말까?' 혹은 '나중에 다시 올게요.'라고 하는 사람에게 효과적이다. 보통 판매를 할 때 나중에 와서 산다는 사람 치고 정말로 나중에 다시 오는 사람은 없다. 그래서 지금 눈앞에 그 고객이 있을 때 잡아야 한다. '꼭 사셔야 한다. 이걸 놓치면 안 된다.'라는 설득이 필요한 것이다. 설득력과 스토리를 가지고 고객에게 밀어붙이면 반드시 도장을 찍게 되어 있다.

나는 고객이 나에게 오면 질문을 많이 하는 편이다. 그래야 그 사람의 속마음을 읽을 수 있다. 부동산 고객들의 성향을 보면 위치도 좋고, 가격도 좋고, 브랜드도 좋아서 "이거 하나 사려고 합니다." 하며 오는 사람이 단 한 사람도 없다는 것이다. 세상에 완벽한 상품은 없다. 다 어디한 군데는 결함이 있다. 지금 내가 가진 상품이 결함이 많다고 못 파는 사람은 다른 좋은 상품을 받아도 못 판다. 나는 생각 자체를 바꾸어야 한다고 본다. 내가 맡은 상품에 관해서는 철저하게 긍정적이어야 한다. 그리고 직원들에게도 그렇게 교육을 한다. 그래야 돈으로 연결된다. 자기계발서를 읽고 긍정심리학을 읽는 건 내가 지금 판매하는 데 도움을 받기 위함이다. 그게 아니라면 그런 걸 읽을 필요가 없다. 적어도 좋은 책을 읽었다면 그게 내 삶에 어느 정도 실질적인 영향을 주어야 하는 것 아니겠는가.

예전에는 직원들에게 그런 책들을 강제로 읽으라고 했는데 지금은 그렇게 강요하지 않는다. 내가 좋았으니 너희들도 하라고 했지만 그게 소용이 없다는 걸 알았다. 그래서 지금은 내가 원하는 방향으로 세뇌를 하고 일을 시키며 끌고 가려고 한다. 세상 모든 일이 자기가 그 필요를 느끼지 않고 남이 시켜서 하는 일은 좋은 효과를 거둘 수 없다. 나는 사실 직원들에게 도움을 주려고 했다. 그런데 그걸 받아먹지 못한다. 그래서 방법을 바꾸려는 것이다. 일로써 강하게 밀어붙이려는 것이다.

나는 내 경영의 새로운 무기로 '세뇌의 법칙'을 배우고 있다. 지금은 비록 입문 단계지만 이걸 배우려는 건 경영을 보다 효과적으로 하려는 것이다. 지금은 책으로 공부하고 있지만 곧 강좌도 찾아서 볼 생각이다. 나는 책을 읽히고 무언가에 꽂히면 강의도 반드시 찾아서 본다. 그래야 책에서 이해되지 않은 것을 완벽하게 흡수할 수 있다. 나는 사실 첫 책에서 세일즈의 삶에 관해 이야기했다. 그리고 그 삶이 어떤 방향으로 나를 이끌었는지도 밝혔다. 그러나 지금 쓰는 이 책은 세일즈의 삶보다 사장의 삶에 초점을 맞춘다. 사장이 되어서 하는 영업은 어떻게 다른지도 이야기한다. 사장이 되어서 만나는 고객이나 만나는 사람도 예전 본부장 시절하고는 아주 다르다. 그들을 대하는 나의 태도 역시 확 달라졌다. 그리고 예전에는 고객을 강하게 밀어붙였다면 지금은 내 밑의 직원들을 일로써 강하게 밀어붙인다. 나처럼 책이나 강의를 찾아서 배울 게 아니라면 일을 통해 배워야 한다. 일하면서 깨지고 실패하며 배우는 것도 나름대로 가치가 있을 것이다. 그러나 이것저것 아무것도 시도하지 않는다면 그 무엇도 배울 수 없다. 배우려면 무언가 새로운 것에 부딪히고 시도해 봐야 한다. 그래야 하나라도 건질 수 있고, 한 단계라도 성장할 수 있다.

회사의 영업직원은
계속 뽑아 줘야 한다

이번에는 직원들 이야기를 해 보려고 한다. 나는 기왕 하는 일 열심히, 절박하게 했으면 하는 생각이다. 내가 제일 싫어하는 건 건성건성 하는 것이다. 고객들은 큰돈을 가지고 찾아오는데 그 고객을 상대하는 사람이 어떻게 건성건성 일할 수 있는가. 분양 쪽 일만 그런 게 아니다. 세상의 무슨 일이든 자기가 맡은 일은 최선을 다하는 사람이 멋있다. 최선을 다하지 않는 사람이 좋은 결과를 기대한다는 건 로또 1등을 기다리는 것보다 더한 요행이다.

직원에서 사장으로 올라가는 경우, 올라가면 갈수록 거느려야 하는 사람들이 늘어난다. 직원이 한 명에서 다섯 명, 열 명으로 늘어날수록 사장에게 요구하는 사항이 많아진다. 그런데 그걸 감당하는 사람이 있고 회피하는 사람이 있다. 거기서 리더가 될 사람과 그렇지 않은 사람으로 나뉘는 것 같다. 바로 이 지점에서 본부장으로 계속 남는 사람이 있고 한 단계 업그레이드해서 사장으로 커가는 사람이 생기는 것이다.

팀장, 본부장 중에 고객의 클레임을 받으면 스스로 해결하지 못하고 나에게 가져오는 사람이 있다. "이건 어떻게 해요?" "이런 경우는 뭘 해 줘야 해요?" "이게 불만이라는데 이건 어떻게 처리해야 하죠?" 그런 요구사항을 들을 때 솔직히 짜증이 날 때도 있다. 다른 사람들 같은 경우는 멘탈이 붕괴돼서 "당신들 그만둬. 내가 하고 말지!" 이럴 수도 있다. 그런데 나는 그들의 요구를 웬만하면 다 들어준다. 직원들이 받은 클레임은 고스란히 나에게 오기 때문에 나는 그 클레임을 내 일처럼 처리한다. 그렇게 하고 이해했기 때문에 죽죽 올라간 것 같다. 내가 일을 처리하는 방식도 결국은 직원에게는 교육이 된다. 나를 보면서 직원들이 배우는 것이다. 내가 문제를 해결하는 방식을 보고 그들도 따라 하게 된다. 그런 현장의 업무 중심 교육이 더 효과적일 수 있다. 내가 일을 하나하나 해결해 가는 것, 그것이 바로 업무 역량이다. 그 클레임들을 해결하는 게 역량인 것이다.

직원이 세 명만 있어도 사실 엄청 불편하다. 팀장 밑에 팀원이 세 명만 있어도 요구사항이 많아진다. 자기가 해결할 수 있는데 요구하는 경우도 많다. 그런 사람은 빨리 성장할 수 없다. 자기가 해 보고 잘 안 되었을 때 들고 오는 사람이 성장한다. 사람이 성장한다는 건 요구를 하는 입장에서 요구를 들어주는 입장이 된다는 것이다. 월급을 받는 입장에서 월급을 주는 사람이 된다는 것이다. 그 차이가 엄청나다. 무책임하게 요구사항이 많은 사람은 올해만 그런 게 아니라 내년에도 내후년에도 여전히 요구사항이 많을 것이다. 그러나 성장하는 사람은 한 해가 지날수록 요구사항이 줄어든다. 그리고 그 사람은 어느새 독립해서 사장이 되어 있다.

근데 그런 요구사항들을 이해하지 못하면 그 사람 역시 성장할 수가 없다. 사장이라고 끝까지 사장이 아니다. 어떻게 하다가 사장이 되었는지 몰라도 그 사람의 태도에 따라 더 큰 회사의 사장이 될 수도 있고, 곧 본부장으로 내려올 사람도 있는 것이다. 더 크게 성장할 사장이라면 직원들의 어떤 요구에도 짜증을 내면 안 된다. 다만 평생 요구만 하는 직원에게는 그 수준에 맞는 것만 알려 준다. 짜증 내지 않고 친절하게 알려 준다. 국가에서 공무원들을 키우는 것도 같은 방식이다. 나는 정치에 관심이 없지만 정치인들이 국민의 앞에서 쇼하는 모습을 보고 배운다. 정치인들을 보면 자기가 한 말을 잘 까먹고 개선하지도 않는다. 이것도 하고 저것도 하겠다고 말만 하고 지키는 게 없다. 들끓었다가 안 하고 다시 들끓었다고 시늉만 한다. 나는 그들과 정반대로 가면 된다. 정치인들은 하지 말아야 할 것을 알려 주는 좋은 교재다.

요구사항이 많은 직원은 한 1년 일하다가 다른 곳으로 갈 가능성이 많은 사람이다. 오래 붙어서 성장하는 게 아니라 간만 보고 떠나는 것이다. 그래서 조금 심하게 얘기하면 사장은 회사의 핵심 인물 몇 명만 빼고 계속 바꿔 주어야 한다. 바꾸지 않고 그냥 방치하면 그나마 회사를 위해 도움이 되는 핵심 인물마저도 흐려지고 놓치게 된다. 직원들은 보통 2~3년 지나면 분위기가 나른해진다. 이미 회사의 시스템, 사장의 스타일을 알기 때문에 특별히 눈치 보지도 않는다. 열정도 없고 나도 지금 사장처럼 해서 사장이 되어야지 하는 사람도 없다.

직원 중에 그런 사람이 있었다. "저는 대표님 책 보고 이 회사에 들어 왔습니다, 진짜 대표님하고 똑같이 할 겁니다." 말은 이렇게 했는데 그 열정이 한 달도 채 못 간다. 단지 의욕만 가지고 해결될 문제가 아니다. 잠깐 보여줬던 의욕, 열정들은 기껏 해 봤자 두 달 안에 사그라든다. 왜 내가 일할 때처럼 절박하게 움직이는 직원이 없을까 생각하곤 하는데 그게 내 마음대로 안 되는 걸 여러 직원과 일을 하고 겪으면서 알게 되었다. 정말 성장할 사람은 100명 중 한 명, 1,000명 중 한 명인 것이다. 사실 그게 맞다. 너도나도 다 성공하고, 너도나도 다 사장이 된다면 그 건 올바른 사회가 아니다. 파레토의 법칙처럼 상위 몇 퍼센트가 결국 세 상을 이끌고 가는 것이다. 그 상위 몇 퍼센트가 될 것이냐 아니냐는 그 사람의 지속 가능한 열정에서 나오는 것이다.

나는 야생성, 독립성이 강하고
스포츠를 즐기는 사람

　내가 내 스타일을 얘기하자면 야생성, 독립성이 아주 강한 것 같다. 아마 사막에 내놓아도 생존할 수 있을 것이다. 한때 정글의 법칙이라는 TV 프로그램이 유행했는데사실 나는 TV를 잘 안 본다. 나는 솔직히 김병만보다 더 잘 생존할 수 있다. 그런 자신감이 있다. 무인도에 풀어 놓고 살라고 해도 살아갈 자신이 있다. 그처럼 야생성, 독립성이 강한 사람이 나다.

　집에 가면 장난감 총이기는 하지만 총만 몇 자루 있는 것 같다. 칼과 총 같은 무기들이 좀 있다. 사격도 가끔 한다. 그런 거에 재미를 느낀다. 아이가 조금 크면 같이 총을 들고 꿩사냥 같은 사냥도 해 보고 싶다. 예전에 특수부대 출신이 무인도에서 생존하는 다큐멘터리나 영화를 본 적이 있다. 그들은 뱀도 잡아먹고 그런다. 나도 그 이상은 할 수 있다. 그런 걸 잘한다. 나는 그래서 아들을 키울 때도 나처럼 야생성, 독립성을 가진 아이로 키우고 싶다. 자기가 알아서 먹고살게끔 하고 싶은 것이다.

아들과 바다낚시를 하다가 배 위에서 한 컷 |

내가 아들에게 가끔 "너는 커서 무슨 일을 하고 싶니?"라고 물으면 아빠가 사업을 하고 있어서 그런지 자기도 사업을 하고 싶다고 한다. 그러면 가만히 앉아 엄마한테 해 달라고 말만 하지 말고 네가 원하는 것은 스스로 움직여 능동적으로 해결하라고 가르친다. 스스로 움직이지 않고 해결되는 것은 없으며, 스스로 해결하지 않으면 그 누구도 해결해 주지 않는다고 말이다. 요즘 부모들은 아이들이 대학생이 되어도 스스로 살게 하지 않고 다 떠먹여 주려고 한다. 그런데 나는 반대다. 뭐 어느 정도까지는 지원해 주고 도와줄 수 있지만 스스로 세상을 살아가는 힘을 길러주는 게 가장 중요한 교육이라고 생각한다. 먹고 싶으면 네가 알아서 사먹고, 받은 용돈으로 네가 아껴 가면서 사고 싶은 거 사라고 말한다.

내가 아내와 아들과 같이 TV 뉴스를 볼 때 이런 얘기를 한다. "정치하는 거 저거 다 쇼야!" 그러면 아직 애한테 그런 얘기 하면 어떻게 하냐고 아내가 핀잔을 준다. 애가 애늙은이가 된다는 것이다. 우리 아들은 그렇게 된 것 같다. 이미 세상 물정에 대해 알 건 다 아는 것 같다. 아이답게 순수해 보이지 않아서 걱정이 되긴 한다. 그러나 미리 알아서 나쁠 건 없다.

나는 사냥은 좋아하지만 낚시는 별로 좋아하지 않는다. 정적인 것은 별로 안 좋아하고 주로 몸을 써서 움직이는 걸 좋아한다. 예전에 유행했던 서바이벌 게임 같은 건 꽤 좋아했다. 나는 아침에 일어나면 줄넘기를 한다. 하루에 한 40분 정도를 한다. 권투처럼 타이머를 설정하고 한다. 권투도 좋아하는데 만약 12라운드를 뛴다면 3분 운동하고 30초를 쉰다. 운동도 그렇게 한다. 3분 동안 하나의 과제를 한다. 스쾃Squat을 3분 동안 계속하다 30초 쉬고 줄넘기를 하고 그다음 30초 쉬고 다른 걸 한다.

워낙 몸 쓰는 걸 좋아해서 어릴 적부터 복싱을 좋아했었다. 김태식, 장정구 같은 선수들에 열광했다. 타이슨이 뛰는 해외 복싱경기도 즐겨 봤다. 원래 직접 스포츠를 하는 걸 좋아하고 관람하는 건 별로 안 좋아하지만 권투만큼은 너무 좋아해서 중계방송도 많이 찾아보았다. 악동 타이슨도 요즘은 자선 모금도 하면서 좋은 일도 많이 하는 것 같아 보기 좋다. 권투는 15라운드 할 때 사람이 죽어 나가기도 했다. 그래서 12라운드로 줄였다. 타이틀이 있을 때는 12라운드를 하고 아마추어 복싱은 그냥 3라운드만 한다. 나는 권투대회도 직접 나갔다. 비록 동네에서 하는 것이지만 나름 승부욕도 생긴다. 젊은이들하고 붙을 때도 있고 50대 이상하고 붙을 때도 있다. 이길 때도 있고 질 때도 있다. 50대 선수를 보면 실력도 굉장히 좋은 사람도 있다. 집에 샌드백도 갖다 놓아서 가끔 샌드백을 치며 운동한다.

내 일상에서 운동이 차지하는 비중이 꽤 큰 것 같다. 내가 일이 많아도 건강하게 유지하는 건 운동의 덕이 클 것이다. 내 인생에 나를 지탱하는 두 가지 큰 화두가 있다. 그게 운동과 책이다. 그다음에 꼭 챙기려고 하는 건 한 달에 두 번 정도는 가족들과 산에 가는 것이다. 첫 책을 낼 때는 운동, 책, 가족 이야기들을 잘 안 했다. 나는 경찰협회에서 주는 복싱 공인 1단 단증도 있다. 경찰들은 이걸 따야 가산점이 주어진다고 한다. 복싱을 하다 보니 몸도 탄탄해졌고 체력 또한 좋아졌다. 복싱 단증은 2017년도에 한번 시험을 보자마자 땄다. 그때는 엄청 잘했던 것 같다. 나를 보고 사람들이 하는 얘기가 상남자라고 한다.

나는 주말에는 라이딩을 한다. 사람들 만나는 건 별로 안 좋아해서 동호회는 가입 안 했지만 혼자서 오토바이를 타고 한 바퀴 돌고 오는 걸 좋아한다. 동호회는 가족들 팽개치고 1박하고 오고 그런다. 난 그런 게 싫다. 아내를 뒤에 태우고 다녀오는 게 더 좋다. 그런데 여자들은 오토바이 타는 걸 싫어한다. 나는 가정적이기는 하지만 아내에게 잡혀 살지는 않는다. 아내가 좋아하는 걸 하게 해 주고 나는 나대로 내가 좋아하는 걸 한다. 내가 좋아하는 걸 혼자 한다. 동호회도 싫고 친구도 안 만난다. CEO 모임이나 자기계발 관련 모임 아니면 안 간다. 어떻게 보면 굉장히 외롭고 고독한 건데 사실 그걸 즐기는 것인지도 모른다. 사람은 원래 외로운 존재 아닌가.

2019년에는 2종 소형 면허를 취득했다. 할리를 사서 타고 다니는 게 1차 목표이고 그다음 배 면허를 따려고 한다. 코로나19 때문에 변수가 생겨서 올해는 못 했지만 내년에는 꼭 요트 면허를 딸 생각이다. 면허를 따고 기회가 된다면 배도 한 척 사고 싶다. 오토바이는 한 2천만 원대로 사려고 하며, 요트는 조금 비싸 차후에 살 계획을 가지고는 있다. 우선은 면허만 따 놓을 생각이다. 배 다음에 마지막으로 딸 면허는 비행기 면허다. 그게 내가 하고 싶은 것들의 순서다. 이게 다 인생을 즐기기 위한 면허들이다. 직업은 계속 부동산 관련 일만 할 것이다. 분양은 은퇴도 없다. 《분양의 신》세 번째 이야기는 시행 관련 이야기가 될 것이다.

나만의 사람 관리법

나는 문자를 보내는 것보다 직접 음성통화를 하는 편이다. 만약에 저녁에 술을 먹고 헤어지면 집에 잘 도착하셨냐고 전화를 한다. 그다음 날도 해장을 잘 하셨냐고 묻는다. 이 스타일도 사실 모임의 CEO 형님 스타일을 보고 배웠다. 나는 좋은 건 잘 배우는 편이다. 그렇게 전화를 드리면 다들 참 좋아하신다. 그 순간부터 사람 사이에 신뢰가 생기는 것이다. 명함을 받으면 그냥 다 저장한다. 이름, 이메일, 주소 다 저장한다. 옛날에는 리멤버라고 명함 앱이 있었는데 요즘은 그걸 안 쓰고 그냥 스마트폰으로 다 저장한다.

나의 사람 관리 스타일은 부정적인 사람은 우선은 멀리한다. 비판적인 사고는 좋지만 부정적인 사고는 만나면 이로울 게 없어서다. 그리고 내가 배울 점이 많은 항상 위에 있는 사람들을 주로 만난다. 위에서 노는 사람들은 다 위에서 놀 만한 장점이 있는 사람들이다. 사실 나보다 위에 있는 사람들을 만나면 상당히 불편하다. 그런데 나는 또 그걸 즐긴다. 모임의 막내지만 잡일을 다 내가 나서서 한다. 그게 이미 다 적응이 되었다. 그걸 하면 할수록 좋은 것 같다. 내가 그렇게 안 하고 친구들이나 비슷한 레벨의 사람들을 만나 웃고 떠들었다면 그 자리가 편하고 즐거울 수 있지만 나에게 남는 건 없다.

사실 나이 먹은 분 중에도 철이 없는 사람도 있다. 돈만 알고 철이 없는 분도 있다. 그런 분들은 자랑하고 잘난 척을 한다. 사람 나이 마흔이 넘으면 자기가 잘났다고 말 안 해도 다 안다. 스마트폰으로 몇 번 검색하면 다 나온다. 그런데 보통 보면 꼰대들, 개털들이 자기 자랑을 많이 한다. 정말 있는 사람은 자기 자랑을 잘 하지 않는다. 정말 있는 사람 중에는 정주영 회장 이상으로 잘 사는 사람도 있다. 그런데 웬만하면 티를 안 낸다. 가끔 왕년 얘기를 하는 사람도 있다. 나는 왕년 얘기를 못 하게 한다. 현재와 미래에 대한 건설적인 이야기를 해야지 과거 얘기하는 게 싫다. 그런 이야기를 끊을 때도 기술이 필요하다. 내가 다른 질문을 던지면서 이야기를 전환한다. 그런 식으로 '얘가 이런 스타일의 이야기를 듣기 싫어하는구나.'라며 눈치를 주는 것이다.

내가 사람을 상대하는 게 직업이다 보니 진상들을 많이 만난다. 자기를 과시하는 사람들이 은근히 많다. 근데 지금 만나는 모임 사람들은 그렇게 가벼운 사람들이 없다. 나는 사람을 배울 게 있는 사람들 위주로 만난다. 내가 지금 계속 인연을 맺고 가는 사람들은 적어도 한 가지 이상은 배울 게 있는 사람들이다. 나이를 먹고, 사장이 되고 보니 그런 사람들이 눈에 들어온다.

판매의 혁신을 일으키다
(약장수 이야기)

누가 보면 내가 일만 생각하는 사람이라고 생각할 것이다. 모든 일을 내가 지금 하고 있는 분양 관련 영업과 연결하려 하기 때문이다. 올해는 전경련에서 지식산업센터 강의를 한다. 처음에는 안 한다고 했다가 지인이 좋은 기회가 될 것이라고 하기에 지식산업센터 관련 강의를 진행하기로 했다2021년 5월 7일 오후 4~6시, 장소 전경련 회관. 이 원고를 쓰는 중에 부탁을 받아서 책으로 출판되는 시점이면 아마 강의를 했을 수도 있을 것이다. 강의료는 200만 원 정도인데 사업을 하는 나로서는 그렇게 큰 금액이 아니다. 지식산업센터 하나를 팔아도 500만 원에서 1000만 원 정도 떨어지니 한 명이라도 더 만나서 지식산업센터 파는 게 나에게는 더 좋다. 그렇지만 새로운 기회라는 생각에 승낙했다. 현대백화점 문화센터에서도 강의 부탁이 오는데 강의료로 80만 원 준다고 했다. 강사들의 강의료가 그렇게 비싸지 않은 것 같았다.

나는 공부에 대한 열정이 강한 사람이다. 책도 많이 읽고 인맥도 넓힌다. 2021년 초에 83기 전경련 최고경영자과정을 신청했다. 공부와 인맥 모두를 잡기 위함이다. 내가 신청한 과정은 최고경영자과정FKI-AMP 이고 내가 강의 부탁을 받은 과정은 부동산/금융/자산 관리 최고위과정이다. 어쨌든 그렇게 해서 전경련과도 인연을 맺었다. 우리나라 경제계를 움직이는 사람들과 인연을 맺는 건 쉬운 일이 아니다. 나는 공부하는 자세로, 겸허한 마음으로 그들을 만난다. 강의 준비는 솔직히 피곤하다. 그래도 교안을 작성하며 틈틈이 준비한다. 내 강의를 듣는 분들이 내 고객이 될 수도 있다. 그러나 강의가 일회성이기 때문에 어떤 방향으로 끌고 갈지 감이 잡히지는 않는다. 투자해서 이익을 전달하는 기회를 제공할지, 단순히 지식을 전달하는 자리가 될지는 강의하는 그때의 분위기에 따라 다를 것이다. 수강생은 40~50명 정도 된다. 이분 중에 한두 사람 고객으로 상담을 하게 되도 큰 성공이다. 나는 이 전에도 강의를 좀 했는데 직업으로 할 정도는 아니지만 재미는 있었던 것 같다.

대전에서 처음 시도한 약장수 방식의 판매 현장 |

나는 늘 영업, 새로운 판매방식을 고민하는 사람이다. 세상이 코로나로 힘들지만 나는 나대로 새로운 판매방식을 고민하고 연구해서 시도했다. 그런데 다행히도 그게 좀 잘 됐다. 2020년 여름부터 준비했던 일이었다. 최근에 약장수라는 영화를 봤는데 그게 힌트가 되었다. 약장수와 같은 매장이 우리나라에 한 2천 개 정도 된다고 한다. 그 매장에 사모님들을 모시고 선물을 준다. 보통 하루에 두 번 정도 행사를 하는데 행사할 때마다 사은품을 준다. 금액으로 따지면 하루 2만 원에서 2만5천 원 정도다. 체감으로 그 정도 금액이니 예를 들면 계란 두 판, 휴지 30롤 정도라고 보면 된다. 매장에 모인 사람들을 세뇌하여 계속 오게 한 다음 어느 날 상품을 판매하는 방식이다. 3개월에서 5개월 정도 그렇게 행사를 하면서 상품을 판매한다. 이런 방식은 옛날 70년대 차량에서 판매하면서 시작된 판매방식이다. 그걸 영화로 만든 것이다. 나는 그걸 보면서 그 매장에서 우리 제품을 파는 아이디어를 생각했다. 하루에서 이틀 정도 매장에서 우리 상품부동산을 강의하고 판매하는 것이다. 그 누구도 하지 않았던 새로운 마케팅 방식이다. 매장에서는 보통 5천 원에서 천만 원까지의 상품을 판다. 그런데 우리 상품은 보통 1억에서 2억이 넘는 부동산 상품이다. "고가이기에 이곳 매장에서는 먹히질 않는다."라며 거절을 당하면서 나는 계속 설득했다. 오래된 설득 끝에 매장에서 설 기회를 얻었다. 이 방식을 충남 대천에서 처음 시도했다.

상담 고객들을 현장으로 모시는 장면 |

모인 사람들의 연령대는 대략 40대에서 70대 중장년층이다. 경제적인 자유도 있고 시간도 좀 있는 분들이다. 코로나19 때문에 사회적 거리두기를 지키며 강의를 했다. 충남 대천에서 첫 강연으로 분양가로 30억 원가량의 상품을 계약했다. 두세 명이 샀는데 처음에는 의구심이 들 것 아닌가. 3~4개월만 있다가 갈 떴다방 같은 매장에서 파는 부동산 상품을 어떻게 믿고 분양받을 것인가. 나는 그 의구심을 없애기 위해 강의를 끝내고 2~3일 후 버스를 빌려 현장 투어를 했다. 현장에 가서 "공정률이 60~70% 됩니다. 위치는 사거리 코너입니다." 그렇게 투자할 물건을 직접 보여 주고 홍보관으로 이동하여 설명을 한 번 더 했다. 식사도 대접하고 선물도 챙겨 주고 그다음 날 강의도 한 번 더 했다. 현장을 보고 온 사람이 "진짜 있던데? 생각보다 괜찮아!" 하며 소문을 내니 다음날 두 번째 강의는 사모님들의 귀를 솔깃하게 한다. 그렇게 해서 30억 원을 넘게 판 것이다.

약장사도 라인이 있어서 소문이 좍 퍼졌다. '그거 괜찮다더라.' 하며 소문이 퍼졌다. 의외로 인기가 많았다. 설 전주에 울산에서 두 번째 강의가 시작되었다. 제천처럼 사모님들 모시고 현장 투어도 하고 식사 대접도 했다. 이런 방법은 그 어떤 분양팀도 안 해 본 최초의 마케팅 기법이다. 나는 이 방법은 2020년 4월부터 준비를 해서 매장들 조인하고 로비를 했다. 운 좋게 된 게 아니라 그래도 나름 시간과 공을 들여 준비해서 2021년 초에 처음 이루어진 것이다. 이 방법으로 7~8개월 잘 돌아가면 가을에는 새롭게 생각하고 있는 아이템이 진행할 계획이다. 나는 이렇게 안 한 방법들을 해 보려고 한다.

부동산 투자라는 게 예전에는 중장년층들만의 놀이터였다. 그런데 지금은 젊은 사람들도 관심이 많다. 물론 젊은 사람들 대부분이 주식에 몰려 있지만 조금씩 부동산 쪽으로 넘어오고 있다. 주식의 경우는 이익을 본 사람도 있지만 손해 본 사람들이 더 많다. 이번에는 내가 도입하려는 또 다른 마케팅 기법은 20~30대를 위한 혁신적인 방법이다. 그들의 통로를 뚫으려는 것이다. 이 방법은 이 책에서 처음 공개하는 극비 비법이다. 물론 이 방법을 듣고 비슷하게 따라 할 수는 있지만 나처럼 저돌적이고 공격적으로 들이대는 사람 아니면 일반 사람들은 쉽게 못 따라 할 것이다. 이 방법은 다단계의 헤드를 잡는 방법이다. 다단계를 하는 사람들은 소득이 많지 않다. 이들의 헤드를 잡아서 약장수 매장에서 했던 걸 보여 준다. 헤드가 가져가는 이익을 보여 주고 강의를 하고 우리 제품을 판매한다. 그리고 판매해서 얻은 이익의 일정 부분을 헤드에게 준다. 나머지는 그 매장 판매 상품을 구매한다. 다단계 매장에서 판매하는 물건도 직접 사서 고객들에게 사은품으로 공짜로 나눠준다. 이 방법 역시 분양 업계에서는 처음 시도하는 방법이다. 서로가 이익이 되는 전략들이다.

나는 사람들을 만나면서 아이디어를 떠올린다. 머릿속에 누구를 만나든 이 사람에게 어떻게 팔까 고민을 한다. 계속 그 생각만 하며 다닌다. 유튜브 홈쇼핑 이런 채널도 좋은데 좋은 방식인데 가성비가 떨어진다. 유튜브가 효과를 보려면 최소한 6개월 이상은 해야 한다. 공이 많이 들고 시간도 많이 든다. 보는 사람 눈높이도 높아져서 그래픽 편집부터 공간 연출까지 해야 하기에 가성비는 떨어진다. 개인이 하기에는 좋다. 어차피 남는 시간 2~3천만 원 대출받아 테이블 카메라 만들고 하면 좋은

데 나처럼 조직이 있는 사람에게는 효과적이지 못하다. 약장수 매장이나 다단계는 1시간이면 충분하다. 다단계 물건은 팔면 그냥 없어지는데 우리 물건은 팔고 난 이후에도 계속 수익이 올라간다. 약장수나 다단계 매장의 고객들에게는 생소한 경험이다.

지식산업센터는 투자도 다른 상품에 비해 부담이 적다. 대출 비율이80% 높기 때문에 자기자본 비율20%이 상대적으로 낮다. 최근 지식산업센터 상품들의 면적이 작아지면서 분양가는 1~2억 사이가 대중적이다. 1억짜리 상품을 분양받을시 총 금액의 20%만 있으면 된다. 계약 시 10% 잔금 결제 시 10%를 납부하면 된다. 1억짜리라면 2천만 원이면 투자가 가능하다. 지식산업센터는 차익형보다 수익형에 가깝다. 매달 월세 수익을 볼 수 있다. 주식보다 안정적이고 수익률도 좋다. 20~30대 중에서 신용이 나쁘지 않고 여유 자금이 있는 사람은 적극 권한다. 분양을 막 시작한 다른 말로 착공을 막 시작한 현장이라면 지금 당장 천만 원의 계약금을 넣을 수 있는 사람에게 권한다. 분양은 받고 싶은데 지금 당장 자금이 없어 빚을 내서 한다고 하면 권하고 싶지는 않다.

내 판매전략은 물고기가 모여 있는 곳이 어디인지 알고 덤비는 스타일이다. 나는 20대에 창고 관리를 시작해 영업으로 전향하여 30대부터 부동산 관련 일을 하며 지금은 40대 중반이 되었다. 웬만한 영업, 웬만한 판매는 많은 경험이 있다. 판매가 가능한 곳이면 어디든 다 찾아가서 조인을 하고 기회를 넓힌다. 약장수나 다단계의 경우는 판매하기 편한 곳이다. 그런 곳은 팔아야 결속감이 생기는 곳이다. 나는 생각만 하는 사람이 아니다. 좋은 생각이 떠오르면 바로 실천에 옮긴다. 매장을 찾아가서 직접 아이디어를 실행에 옮긴다. 나는 책상 위에서 머리 굴리는 사람이 아니다. 답은 언제나 현장 속에 있다는 걸 너무나 잘 아는 사람이다. 그래서 어디든 찾아가고 움직인다.

새로운 판매방식을 통해 계약서를 작성하는 모습 |

나는 또 다른 책을 준비 중이다

나는 꽹장히 창의적이고 무언가 새로운 것을 만들어 가는 사람이다. 책을 열심히 읽는 것도 새로움을 찾기 위한 공부이고 지금 이렇게 원고를 쓰는 것도 또 다른 세계를 향한 도약의 발판이라 생각한다. 영업하는 사람도 여러 유형이 있지만 나는 칭기즈 칸처럼 저돌적으로 뚫고 나가는 스타일이다. 내가 앞에서 언급한 새로운 판매기법처럼 어떤 새로운 판매기법을 만들어 낼지 나 자신도 짐작할 수 없다. 그러나 분명한 것은 계속 새로운 걸 창조하고 실행에 옮길 것이라는 점이다. 남들이 안 쓰는 나 형국진만의 방법으로 돌파해 나갈 것이다.

나는 분양업계에서는 최초로 분양 관련 책을 썼다. 부동산 분야에서 책을 쓴 사람은 많지만 분양 관련 분야에서 책을 쓴 사람은 내가 처음이다. 첫 책《분양의 신》은 8쇄를 찍을 정도로 엄청나게 팔렸다. 그래서인지도도 많이 높아졌다. 지금 쓰는 《분양의 신 2》는 첫 책을 낸 이후겪은 또 다른 경험과 깨달음을 담은 업그레이드 버전이다. 그리고 이 책이 출간된 이후 《지산의 신》이라는 책을 올해 안에 낼 것이다. 이 책은 지식산업센터 관련 경험과 노하우를 담은 우리나라 첫 번째 책이 될 것이다. 나는 지식산업센터 관련 일만 12년째 하고 있다. 산전수전 다 겪어서 관련 노하우만 엄청나다. 그 경험과 노하우를 담아 지식산업센터 관련 책도 쓰고 있다. 12년 동안 지식산업센터 한 우물만 판 사람의 검증된 노하우를 책으로 담으려는 것이다. 나는 앞으로도 계속 책을 쓰며 나 자신을 자극하고 업그레이드해 나갈 것이다. 사람들은 분양 일만 해도 시간이 모자를 텐데 어떻게 책 쓸 시간이 있느냐고 묻는다. 나는 시간이 있어서 책을 쓰는 사람이 아니라 시간을 만들어서 책을 쓴다. 책을 쓰는 건 내가 하는 일의 가치를 고객에게 홍보하는 최고의 방법이라 밤잠을 조금 줄여서라도 책을 쓴다.

나는 책을 쓰는 것과 별개로 사업 쪽으로 지식산업센터뿐만 아니라 부동산 관련 모든 상품을 다 판매할 예정이다. 그동안 지식산업센터만 팔았는데 아파트, 오피스텔, 상가까지도 다양하게 분양을 하려고 한다. 그동안 쌓은 지식산업센터 상품에 대한 판매 노하우라면 그 어떤 분양상품도 자신 있다. 그리고 그다음 단계로 건물을 직접 지어서 분양할 생각이다. 내가 직접 지어서 판다는 것은 시행 사업을 하겠다는 얘기다. 그리고 이것 역시 2~3년 노하우가 쌓이면 책으로 세상 사람들과 공유할 것이다. 《분양의 신 1》, 《분양의 신 2》, 《분양의 신 3》, 《지산의 신》으로 내 노하우를 책에 담아 세상 사람들에게 흘러갈 것이다.

나는 내가 건물을 직접 지어서 판매하는 시행 사업이 최종 목표다. 내가 직접 시공사도 컨택하고 분양은 우리 직원들에게 맡길 것이다. 시행 사업은 사업 초기에만 신경 쓰면 그다음은 그렇게 크게 신경 쓸 것이 없다. 그렇다고 해도 자기만의 노하우가 없으면 대다수 중에 한두 명만 성공하는 것이 시행 사업이다. 시행을 해서 돈을 벌려면 노하우가 좍 쌓여야 하는데 결국은 욕심을 내려놓는 게 노하우다. 그런데 사람들은 욕심을 내려놓지 못한다. 커피를 2천 원에서 천 오백 원으로 내려 판다고 손해 보는 게 아닌데 그걸 생각만 하고 실행을 못 한다. 판매라는 건 다 때가 있다. 그때를 잡으려면 먼저 움직여야 한다. 시행 사업을 잘하려면 땅을 잘 사야 한다. 그래서 요즘 땅을 보는 눈도 키우고 있다. 그러나 땅보다 중요한 게 판매다. 판매를 잘하지 못하면 아무리 땅이 좋아도 시행에 성공할 수 없다. 세계 최고의 시행 사업자인 트럼프가 성공한 이유도 혁신적으로 팔았기 때문이다. 할렘가에 연예인을 살게 하고 그 지역을 호감 있게 만들어 팔았다. 그 전략이 바로 시행 사업을 성공으로 여는 첫걸음이다. 나도 트럼프 같은 성공한 시행 사업자가 되려는 것이다.

인생은 영을 만드는 게
엄청나게 어렵다

2017년도 사기를 당한 나는 2021년 1월에 드디어 빚을 다 갚았다. 분양 관련 사업을 하면서 사기를 크게 당해 빚이 있었는데 그걸 제로로 만들었다. 타고 다니는 자동차 할부 관련한 빚도 다 갚았다. 이제는 이 자 나가는 돈, 할부로 나가는 돈도 하나도 없다. 빚을 다 갚으면서 느끼는 건 인생에서 영0을 만드는 게 너무나도 어렵다는 것이다. 지금 대부분 한국인은 빚에 허덕일 것이다. 백 명 중에 구십 명은 빚지고 산다. 자기 집을 가지고 있다고 하지만 부동산도 금융상품이기에 사실상 은행 월세 내는 거나 다름없다. 평당 1억짜리 집에 살든 평당 1천만 원짜리 집에 살든 누구나 다 50~70%의 빚은 지고 있다. 그 빚을 영으로 만들려고 다들 사투를 벌인다. 내가 해냈으니 이 책을 읽는 당신도 해낼 수 있다. 나는 영을 만들려는 모든 이들에게 응원의 에너지를 보낸다.

첫 책인 《분양의 신》을 내고 6년이 흘러 두 번째 책을 낸다. 그동안 참 많은 사람이 내 곁은 스쳐 지나갔다. 첫 책에 등장한 인물 중에 내 곁에 남아 있는 사람은 많지 않다. 그런 걸 보면 사람들도 강물처럼 흘러가는 것 같다. 흐르는 건 흐르게 두어야 한다. 그걸 잡으려다 나도 흘러간다. 나는 흘러가는 것에 마음을 두지 않는다. 그게 내 인생 철학이다. 내 곁을 흘러가는 게 있으면 다시 흘러들어 오는 것도 있다. 나는 나에게 새롭게 흘러들어 오는 것들을 두 팔 벌려 환영한다. 그리고 그것들이 그냥 앉아서 기다리며 흘러들어 오게 하지 않는다. 내가 직접 움직이며 물꼬를 트고 적극적으로 끌어들인다. 강의를 하는 것도 그런 이유고, 강의를 듣거나 책을 읽는 것도 그런 과정이다. 이 원고를 쓰는 것도 새로운 물결을 나에게 적극 끌어들이기 위함이다.

최근에 바꾼 자동차 타이어 |

20만 킬로는 넘겨 탈 것 같다 |

최근에 아는 형님의 권유로 《마시멜로》라는 책을 보았다. 종이책은 절판이 되어서 전자책e-book으로 봤다. 책에 빨려 들어가 두 시간 만에 후

딱 읽어 치웠다. 나는 요행으로 돈 버는 걸 싫어한다. 요행으로 돈을 벌면 반드시 쓰고 싶어지는 게 사람 심리다. 주식은 사실 요행은 아니지만 주식도 주변에서 좋은 걸 권유해도 잘 움직여지지 않는다. 내가 복권을 안 사는 이유도 요행을 싫어하기 때문이다. 나는 내가 힘들게 땀을 흘려 버는 돈을 중요하게 생각한다. 그런데 버는 것만큼 중요한 게 돈을 지키는 것이다. 《마시멜로》라는 책은 나에게 돈을 지키는 법을 알려 주었다. 마시멜로를 지금 먹지 않고 쌓아 두면 나중에 더 불어 있을 것이라는 게 그 책의 메시지였다. 나는 최근에 내 차의 타이어를 바꿨다. 올해 8월이 되면 5년째 타는 것이며 킬로 수가 13만인 BMW인데 20만 킬로까지 타려고 타이어를 바꿨다. 앞으로 3년 정도는 더 탈 것이다. 그때까지는 쓸데없는 데에 돈을 안 쓰려고 한다. 마시멜로의 메시지를 행동으로 옮기려는 것이다.

나는 앞으로도 계속 분양상품을 팔 것이다. 그리고 내가 직접 땅을 사서 건물을 짓고 시행 사업도 할 것이다. 판매방법도 남들이 안 쓰는 독창적인 방법을 발굴해 나갈 것이다. 나는 멈춰 있거나 정체되어 있는 사람이 아니다. 자꾸 움직이며 새로움을 향해 달려갈 것이다. 누군가 형국진을 보면 1년 전과 엄청 달라진 것을 보고 놀라게 될 것이다. 그만큼 나는 계속 움직이는 사람이다. 인맥도 1년 전과 1년 후가 다를 것이다. 돈을 대하는 태도, 돈을 굴리는 규모도 1년 전과 1년 후가 다를 것이다. 내가 지금처럼 책을 쓰는 건 형국진이라는 사람이 뭔가 계속 움직이고 활동적이라는 걸 보여 준다. 책은 아마 1년에 한 권 정도 나올 것이다.

그만큼 내 속에 용솟음치는 열정들이 있다. 그 열정을 고스란히 책에 담아내려고 한다. 《분양의 신》, 《지산의 신》, 《시행의 신》, 《투자의 신》으로 이어지는 형국진의 《신》 시리즈는 나만의 노하우를 담은 神의 경지와 새로움에 대한 도전을 담은 新의 경지를 다 보여 줄 것이다. 무엇이 되었든 형국진은 새로움을 향해 움직이는 사람이라는 증거가 되는 책들이다.

나는 자기계발서도 준비 중이다. 일하는 틈틈이 시도 쓰고 있다. 나는 하고 싶은 일, 해야 할 일이 많은 사람이다. 그걸 제대로 하려면 체력도 뒷받침이 되어야 한다. 그래서 운동도 열심히 하고 있다. 책을 내게 되면 블로그 마케팅, 온라인 마케팅도 열심히 할 것이다. 그동안 홍보가 조금 부족해서 요번에는 그걸 좀 보강할 생각이다. 기왕 책을 낸 거 여러 사람이 읽게 하고 싶다. 분양상품을 잘 파는 사람이 책도 좀 팔고 싶다. 책을 파는 건 책으로 돈 벌려는 목적이 아니다. 책을 통해 나의 가치를 세상에 조금 더 많이 알리고 싶은 이유이다. 부동산 쪽에 노하우는 계속 쌓여 갈 것이다. 그 노하우 역시 부동산 트렌드 관련 책으로 세상에 나올 것이다. 배워서 남 주냐는 말이 있다. 나는 배워서 남 줄 것이다. 독자들이 나의 노하우를 보고, 나의 깨달음을 보고 조금이라도 이익을 얻었다면 내 책은 최고의 보람일 것이다.

나는 두 가지 축으로 인생을 산다. 하나의 축은 현장 감각이다. 현장에서 배운다. 또 하나의 축은 책이다. 책을 통해 배운다. 이 두 축으로 가

보지 않은 길을 뚫고 간다. 누구는 자료를 뒤져 가며 책을 쓰지만 나는 현장 노하우를 담고, 내가 공부한 깨달음을 담아 책을 쓴다. 형국진의 키워드는 액션이다. 밤낮으로 책을 보고 공부하고 현장에서 얻은 노하우를 담아 책을 쓴다. 내 노하우와 열정이 누군가에 잘 흘러 들어가 기분 좋은 변화를 갖게 했으면 좋겠다. 코로나19로 다들 힘들다. 그래도 돌파구는 있다. 돌파구는 움직이는 사람에게서 나온다. 부디 희망의 돌파구를 직접 찾고 뚫고 나가시기를 기원한다.

잠실의 아파트 서재에서

저자 형국진

#1

땅의 땀을 보다

바람을 가르고
길을 가르고
내 눈에 들어온
어느 땅의 노동을 보다.
그 땅의 가치를 보다.

아는가,
땅이 사람보다
더 많은 일을 하고 있음을.
아는가,
그 땅이 흘리는
엄청난 땀의 양을.

단순히 부동산이라 부르지 마라.

그들은 우리가

그들을 딛기 전부터 있어 온

엄청난 거인들이다.

난 그 거인들을 만나러 간다.

잠자는 거인을 깨우러 간다.

그 거인들이 일을 하게 만들러 간다.

거인들이 또 다른 거인을

만들게 하러 간다.

#2

지식산업센터 12년

초등학교 6년,
중학교 고등학교 6년,
그렇게 12년 학교에 다니듯
지식산업센터만 12년,
분양 일만 12년을 했다.

지하주차장에서 전단지를 돌렸고
회사 사장님들을 만나러 다녔다.
약장수처럼 사모님들에게도
지식산업센터를 팔았다.

성수동에서도 팔았고

중간에 사기도 당했고

송파에서도 팔았고

중간에 도움도 받았고

본부장으로 팔았고

좋은 사람들을 많이 만났다.

나를 분양의 신이라고 한다.

분양하는 사람이

처음 책을 내기도 했다.

이제는 지산의 신이라고도 불린다.

지신만큼은 최고라고 생각하기에.

나는 파는 사람이다.

나는 파는 것만 고민하는 사람이다.

나는 잘 파는 사람이다.

나는 지식산업센터를 잘 파는 사람이다.

12년간 그렇게 잘 파는 수업을 받고

이제는 더 큰 걸 팔기 위해 움직인다.